最新
ホテル業界大研究
［第2版］

中村正人［著］

はじめに

非常事態を乗り越えるためにも知っておきたい

いまホテル業界は試練のときを迎えている。中国発の新型コロナウイルスの感染拡大は、世界の宿泊旅行に大きくブレーキをかけた。人から人へ感染する目に見えないウイルスの存在は、人の移動や集客に制限を加え、これまでのレジャーの楽しみ方やホテルステイのあり方、価値観まで変えてしまうかもしれない。当然ビジネスの考え方も変更を迫られるだろう。

日本のホテル業界は、２０１０年代にみられた訪日外国人の増加によって好調に推移していた。本来オリンピックイヤーだった２０２０年は、さらなる飛躍の年になることを誰もが疑っていなかった。それだけにレジャー需要が大きく減少した今日の状況をまだ十分受けとめられないところもあるだろう。予測ができない日々が今後も続くと考えられるからだ。

本書では、今回の改訂にあたって、突如襲いかかったコロナ禍がホテル業界に与える影響を押さえつつ、この10年間の業界の動きを総括した。現在、まるで真逆に思える状況に至っているが、この非常事態を乗り越えるためにも知っておきたい。

中村正人

ホテル業界大研究　目次

chapter

2 多様化するホテルとその歴史

chapter

5 ホテル主要各社プロフィール……121

chapter 6

21世紀のホテルビジネス …… 157

chapter 7

The Hotel Industry : latest news and issues

ホテル業界、最新の話題

chapter 1

01

新型コロナウイルス感染拡大がホテル業界に与えた打撃

人の移動と集客に直結する業界「BEACH」とは

2020年初旬に世界に拡大した中国発新型コロナウイルスの感染は、あらゆる産業に未曾有の打撃を与えたが、最も直接的な影響を与えた業界の頭文字を並べたものを、俗に「BEACH」というそうだ。

すなわち、旅行のオンライン予約を行う「ブッキングサイト（B）」、スポーツやライブ、イベントなどの「エンターテインメント（E）」、国際線の停止のみならず、国内線の減便に苦しむ「エアライン（A）」、横浜港に寄港した客船により感染源のイメージが世界的に広まった「クルーズ（C）」、そして「ホテル（H）」である。共通するのは人の移動と集客に直結する産業であることで、ホテル業界の展望は突然にして暗雲に覆われた。

営業終了が決まったファーストキャビン京橋店

▼訪日外国客は前年度比85％減で壊滅

観光庁が発表した宿泊旅行統計調査によると、2020年3月の国内の宿泊施設における延べ宿泊者数は前年同月比49・6％減の2361万泊。国内客が同41・8％減だったのに対し、外国客は同85・9％減とほぼ壊滅した。緊急事態宣言の出た4月以降はさらに悪化した。

客室稼働率も大きく下落して31・9％。タイプ別でみると、シティホテルが29・6％、前年同月比51・6％減と最も落ち込みが激しく、次いでリゾートホテル24・3％で同36・1％減、ビジネスホテル42・2％で同34・7％減、旅館21・7％で同18・3％減。世界各国の出入国規制によるインバウンド

（訪日外国人）旅行の停止と、国内レジャー需要の消滅が直撃している。

▼経営破綻に追い込まれるホテルや旅館

すでにいくつかのホテルや旅館が経営破綻に追い込まれている。航空機のファーストクラスをイメージした簡易宿泊施設のファーストキャビンは４月下旬、東京地裁に自己破産を申請した。２００６年７月設立の同社は、09年4月に1号店となる大阪御堂筋難波店を、12年４月には羽田空港に開業した。早朝便のＬＣＣ利用客や外国客に人気だったが、新型コロナウイルスの影響で稼働率が10％台に大きく落ち込んだことから、資金繰りのめどがつかなくなり、申請に至っている。

宿泊需要が消えたため、レストランや宴会は休業し、宿泊のみ営業するホテルもあるし、完全休業を決めたケースも多かった。宿泊業界は資本の大小にかかわらず、運営にともなうコスト削減とキャッシュアウトを極小化することで事態をしのいでいる。

２０１０年代、ホテル業界はすこぶる好調に推移していた。１９９０年代前半のバブル経済崩壊以降、長く停滞していた国内の宿泊者数は、東日本大震災の２０１１年から数年間で約５倍増という、国際比較でみても突出した訪日外国人数の増加により、少しずつ上昇に転じていた。２０１９年には、国内の宿泊利用の５人に１人が外国客となっていた。本章では、２０１０年代のホテル業界を振り返りつつ、現状把握と今後の展望を描いていきたい。

延べ宿泊者数前年同月比の推移（2019年1月～2020年3月）

（出典）観光庁

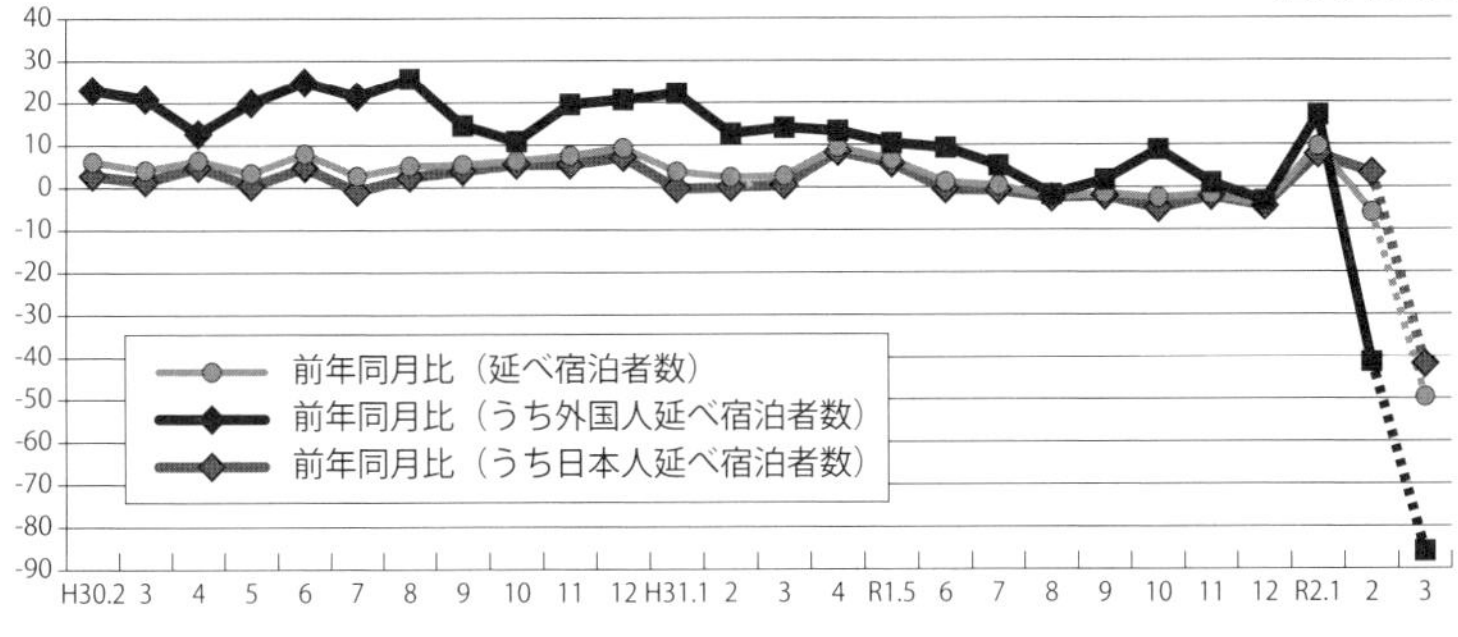

02

訪日外国人３０００万人超で好調だった２０１０年代のホテル業界

旅館は減ったが、ホテルと簡易宿が大幅増加

２０１０年代のホテル業界は好調だった。背景には３０００万人を超えるまでに拡大した訪日外国人の増加があった。全国各地に彼らのニーズをふまえた新規の投資や施設のリノベーションが起こり、新しい宿泊形態やサービスが続々生まれたからだ。

では、いったい彼らはどこに泊まって旅の荷をほどき、休息をとっていたのだろうか。

こうした素朴な疑問に明快に答えるのは意外に難しい。なぜなら、外国人旅行者はきわめて多様化しているからだ。外国客全体の80％超を占めるアジア系から、すでにＦＩＴ（個人旅行）化している成熟市場の欧米系、数は少ないもののユニークな滞在を楽しむ富裕層や、訪日客のボリュームゾーンであるミドルクラス層、お金をなるべくかけずに長期旅行を楽しむバジェットトラベラー層に至るまで、国籍や階層で訪日外国客の宿泊実態は異なっているからだ。

▼年間を通じて訪れる外国客

観光庁の集計によると、２０１９年の国内のホテルや旅館への年間延べ宿泊数は前年度比１・０％増の延べ5億４３２４万泊で、過去最高を記録した。

２０１９年の訪日外国人旅行者数は３１８８万人となり、特に1月から2月の中華圏の旧正月、３月～4月の桜、7～8月の夏休み、10～11月の紅葉と、年間を通じてほとんど切れ目なく外国人旅行者が日本を訪れたからだ。

２つめの背景は、経済環境の改善や国内旅行志向の高まりから、外国人だけでなく、日本人の国内宿泊が増加したこともある。

３つめの背景は、宿泊需要の急増に応じて近年、

ホテルの増室や新規開業が進んでいたが、それでも客室数の供給が追いついていないことにあった。

▼東京、大阪、北海道、福岡、沖縄で増加

厚生労働省によると、国内のホテル旅館業の営業許可施設数は８万２１５０施設（２０１８年３月末現在）。そのうち、ホテルは１万４０２、旅館は３万８６２２、ゲストハウスやカプセルホテルなどの簡易宿は３万２４５１という。

この10年間（２００８年〜18年）の宿泊施設数の推移をみると、旅館の数が大きく減少（24％減）しているのに対し、ホテル（８・３％増）と特にホステルやゲストハウスを含む簡易宿（40・８％増）が増えている。また都道府県別でホテルの客室数（２０１７年）をみると、東京（11万６００室）、大阪（７万１２００室）、北海道（６万６８００室）、福岡（４万２５００室）、沖縄（３万５８００室）の順で多く、２０１８年以降に新規で開業予定のホテル数は、東京（１６０）、大阪（75）、沖縄（52）、北海道（48）であり、これらの地域が訪日外国人でにぎわっていることと大いに関係があった。

次節からは、こうして生まれた新しい数々の宿泊シーンやサービスを検証していきたい。

訪日外国人旅行者数の推移

(出典)観光庁

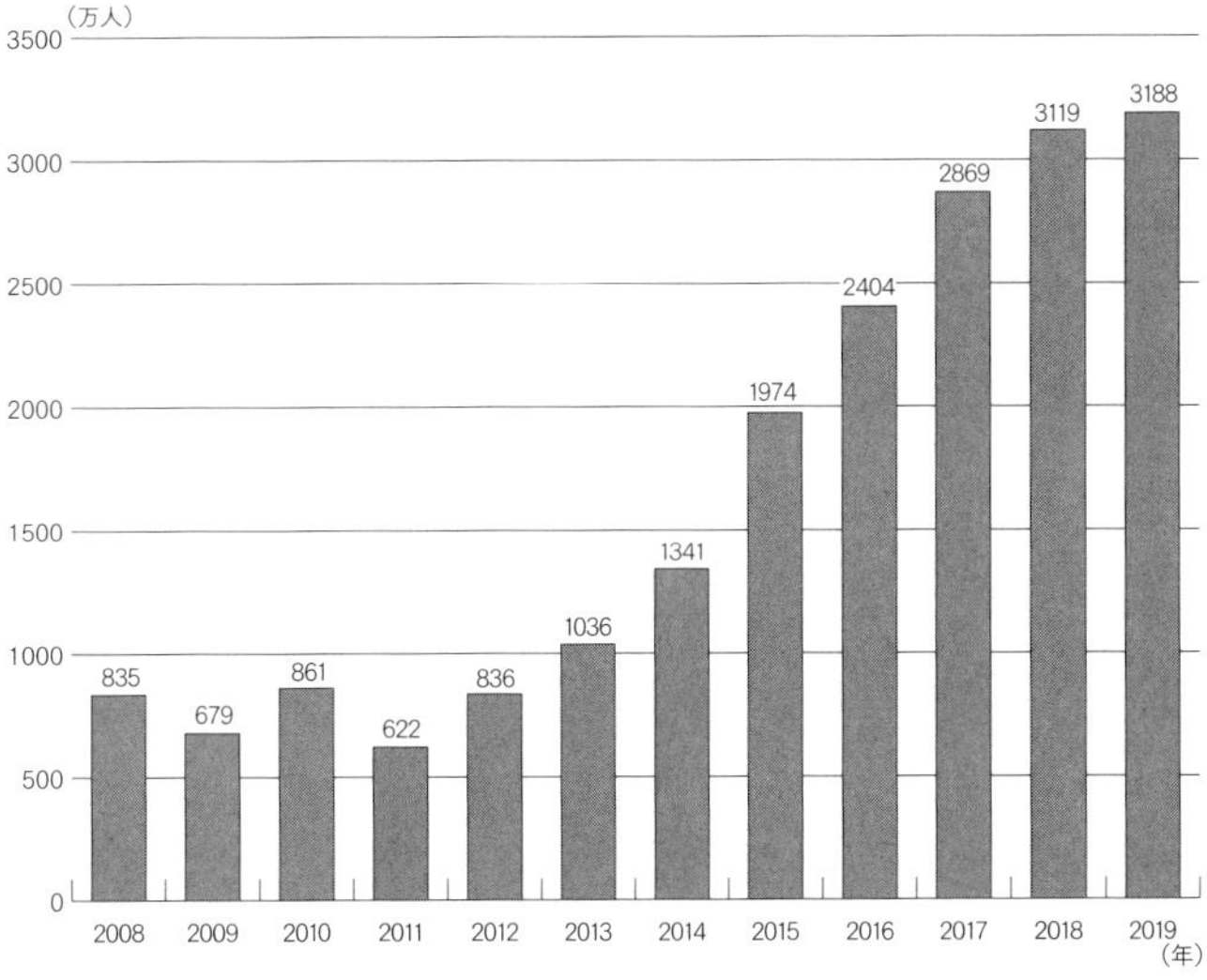

03

ラグジュアリーホテル相次ぎ開業

客室数を絞り込み〝都会の中の隠れ家〟として特別感を演出

訪日外国人の増加にともない、東京都心で本格化していたのが、外資系を含む高級ホテルの新規開業だった。一般に富裕層が顧客とされるこれらのホテルの宿泊料金は、最低でも一泊5万円以上である。誰でも気軽に宿泊できる価格帯ではないが、東京五輪の開催が決定して以降、新たな開業ラッシュが始まった。

▼アマン東京が大手町に開業

2014年12月、個性派ラグジュアリーリゾートチェーンのアマンリゾーツによる「アマン東京」が大手町タワー（千代田区）に営業を開始した。国際的に評価の高い同グループが手がける初の都市型ホテルだけに、海外からも注目された。巨大な和紙で覆われたガーデンレセプションなど、日本の伝統素材が使われた館内の優雅な意匠の数々は、〝都会の中の隠れ家〟として特別感を演出している。

一泊あたりの宿泊料金は約9万円からと高額だが、同チェーンには「アマンジャンキー」と呼ばれる世界のファンの支持がある。

16年7月には、星野リゾートが「星のや東京」を同じく大手町に開業した。同館は都心のビル街に位置しながら、温泉付きの高級旅館というユニークな存在だ。玄関で靴を脱ぐという日本スタイルで、周辺の外資系ラグジュアリーホテルとの差別化を図る。

▼新しいサービスの先導役を期待

一般に海外の富裕層は安心できる宿泊先として国際的に知られるホテルチェーンを選ぶ傾向があるという。どんなに日本国内で有名なホテルや高級旅館でも、宿泊先として選ばれるまでのハードルは高い。むしろ知名度の高い外資系ほど、東京五輪は商機といわれたのはそのためだ。

1990年代（パークハイアット東京、ウェスティン東京など）、2000年代（グランドハイアット東京、コンラッド東京、マンダリン・オリエンタル東京、ザ・リッツ・カールトン東京、ザ・ペニンシュラ東京など）と外資の進出が散発的に続いていたが、五輪を控えた10年代、再び開業が相次いでいたのだ。

これら高級外資ホテルは、ホテル物件を所有せず、運営に特化する経営スタイルや、都心の再開発の目玉である超高層複合ビルの上層階に入居していることに加え、客室数を極力絞り込んでいることが特徴だ。前述のアマン東京や星のや東京はともに84室。客室数だけみれば一般のビジネスホテル並みで、今日急増する訪日外国客の客室不足の解消には必ずしもつながらない。

だが、こうした動きはいわば先祖返りとはいえないだろうか。前回の東京五輪（1964年）が開催された昭和のある時期まで、ホテルは日本の一般庶民が足を踏み入れることのない世界だった。その後、ホテルで供されたサービスが大衆化され、日本の社会に普及していく。今日、アジア客の〝爆買い〟の対象となっている日本の衣食住に関わる消費財やサービスが生まれた原点は、昭和の時代の〝ラグジュアリー〟施設の代表だったホテルから生まれたといってもいいのである。今日の高級外資ホテルも同様に未来を先取りするサービスの先導役を果たしてくれることを期待したい。

2014年6月、東京虎ノ門に開業したアンダーズ東京

04

活発化する外資、地方の動き

関西は東京を超える客室稼働率の高さとなっていた

▼生まれ変わる大手日系ホテル

外資系ラグジュアリーホテルの相次ぐ進出は、日本の老舗高級ホテルに生まれ変わりを迫っている。たとえば、「御三家」のひとつ、ホテルオークラ東京は2019年9月、本館の建て替えを完了した。前回の東京五輪の2年前（1962年）に開業した同ホテルは老朽化が長く課題となっていたが、約1000億円を投じて高さ195mと90mの2棟のビルを新設した。42階建ての高層棟をホテルとオフィスの複合施設である。

旧赤坂プリンスホテルは2016年、赤坂プリンスクラシックハウスに生まれ変わった。アマン東京が進出したばかりの大手町では、「都市型（温泉）旅館」という日本ならではのカテゴリーを掲げる「星のや東京」も進出。天然温泉を完備して外資との差別化を図るという。これらの連動した動きは、多様な外国客のニーズに応えるべく、日本のホテルシーンの活性化をもたらすことを期待したい。

▼京都、大阪でも外資進出が活発化

同じことは、京都でも起きている。14年2月、ザ・リッツ・カールトン京都が開業。古都の景観を守るため、地下2階まで掘り下げてレストランや宴会場を配置した。料金は1泊6万5000円からという。15年春には米スターウッドグループの最高級ブランドである翠嵐 ラグジュアリーコレクションホテル 京都も開業した。

京都は盆地で、1200年以上の歴史遺産も多く、大規模再開発によるホテル建設に適した土地を見つ

けるのは難しいといわれた。これまで修学旅行などの団体客を多く受け入れていたが、少子化の影響で国内需要は限界があり、外国客は増加基調にある。

米国の旅行雑誌「トラベル＋レジャー」が２０１４年７月発表した世界の人気観光都市ランキングで、京都市が初めて1位となった。同誌は北米の富裕層を中心に読まれる月刊誌で、発行部数は約１００万部。ランキングは風景や文化・芸術、食などの項目の総合評価で決まる。京都市を18年訪れた観光客数は５２７５万人、外国人宿泊客数は４５０万人（前年比27・7％増）だった。

ユニバーサル・スタジオ・ジャパン（USJ）周辺にはオフィシャルホテルが林立する

鴨川のほとりに位置するザ・リッツ・カールトン京都

こうしたことから、行政も世界の富裕層の力で京都を活性化しようと規制緩和や特例措置で高級外資の誘致を後押ししている。16年秋に「フォーシーズンホテル京都」は東山地区の病院跡地に建てられた。当初は隣に京都女子高校があったため、ホテル建設は認められていなかったが、例外規定で進出が実現したのだ。

ユニバーサル・スタジオ・ジャパン（ＵＳＪ）の人気で、大阪のホテル競争も激しくなっている。14年７月の人気映画『ハリー・ポッター』をテーマにした新エリアの開設で、同社と提携するホテルは利用者が大幅に増えていた。

18年に関西国際空港を利用する外国客が１５２８万人（前年比７％増）と過去最高となった。背景には、関空に乗り入れる国際旅客便に占めるＬＣＣ比率が38％（19年夏季：週５３６便）と上昇し、国際線の発着回数が過去最高となったためだ。関西の訪日旅行市場は全国・関東平均を上回るペースで拡大。ホテルの客室稼働率も全国一の高さとなっていた。

05

宿泊特化型ホテルが日本のスタンダードになった理由

手頃な価格帯と便利な立地でシンプルなサービスを提供

日本のホテル業界は高級化と低価格化に二極化している。低価格化の極が、宿泊特化型ホテルである。リーズナブルな価格設定にもかかわらず、シティホテルと変わらない内装や設備とサービスを誇る宿泊特化型チェーンは、海外の個人客だけでなく、団体客のニーズにも合っている。

▼日本特有のビジネスホテルの進化系

宿泊特化型ホテルは日本特有の形態であるビジネスホテルの進化系だ。もともと高度経済成長によるビジネス出張の急増に伴い、1960年代後半頃から出張客を対象とした料金の手頃な中級ホテルの需要が急増した。そこで生まれたのが、「ビジネスホテル」(和製英語。欧米にはない)だった。

80年代にはビジネスホテルのチェーン化が進んだ。ワシントンホテル、東急イン、サンルートなどが代表的だ。その後バブル崩壊を迎え、さらなる低価格化が進むなか、90年代の後半から新しい動きとして全国各地に登場し、チェーン展開していったのが「宿泊特化型ホテル」である。

宿泊特化型ホテルビジネスの特徴は、90%以上が室料収入であることだ。そのぶん人件費を抑えるため、少人数でオペレーションを行う。だが、それが顧客のニーズに合致していた。このビジネスを成立させるために何より重要なのは、初期投資をいかに少なくし、運営コストを抑えるかである。

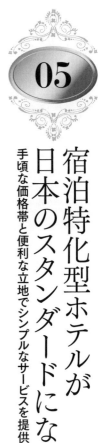

▼宿泊特化型の都心への進出加速

ここ数年、全国展開する宿泊特化型のホテルチェーンが都心に続々進出していた。たとえば、東新宿にはアパホテルがすでに4軒開業しているが、これは新宿地区に限った話ではない。共立メンテナンスは15年4月外国客に人気の上野御徒町に「ドーミイン」を開業。またダイワロイヤルは17年春に東京五輪会場に近い有明エリアにビジネスホテル「ダイワロイネット」を開業した。

　これらのホテルチェーンは、地方ではアジアからの団体客の受け皿となっていたが、客室需給の逼迫する大都市圏では個人客の動線に合わせた立地を意識した出店となっている。

▼サービス賃貸は長期滞在向け

　外客向けの新しい宿泊形態も登場している。ホテルのようなサービスを受けながら長期滞在できるサービス賃貸（高級サービスアパートメント）だ。家具や家電製品は備え付けで、ホテルに比べて割安な料金で毎日の清掃やリネン交換などのサービスが受けられる。宿泊日数などにもよるが、敷金や礼金が不要で煩わしい手続きがない点も人気の理由だ。コンシェルジュサービスを提供する施設も多い。

　東急リロケーションは16年春に部屋に乾燥機やミニキッチンを備える中長期滞在用の「東急ステイ銀座」を開業。グローバル企業で働くビジネスマンや観光客などの取り込みを図る。

　サービス付き賃貸は、海外駐在や長期出張の経験のある人なら利用したことがあるだろう。アジアの主要都市では、ホテルに併設されるケースが多い。日本は海外に比べ普及が遅れていたが、今後は増えていくことだろう。22年にはシンガポールのリゾートホテルチェーンのバンヤンツリーが京都にサービスアパートメントの進出を予定している。

日本のホテル業界の二極化

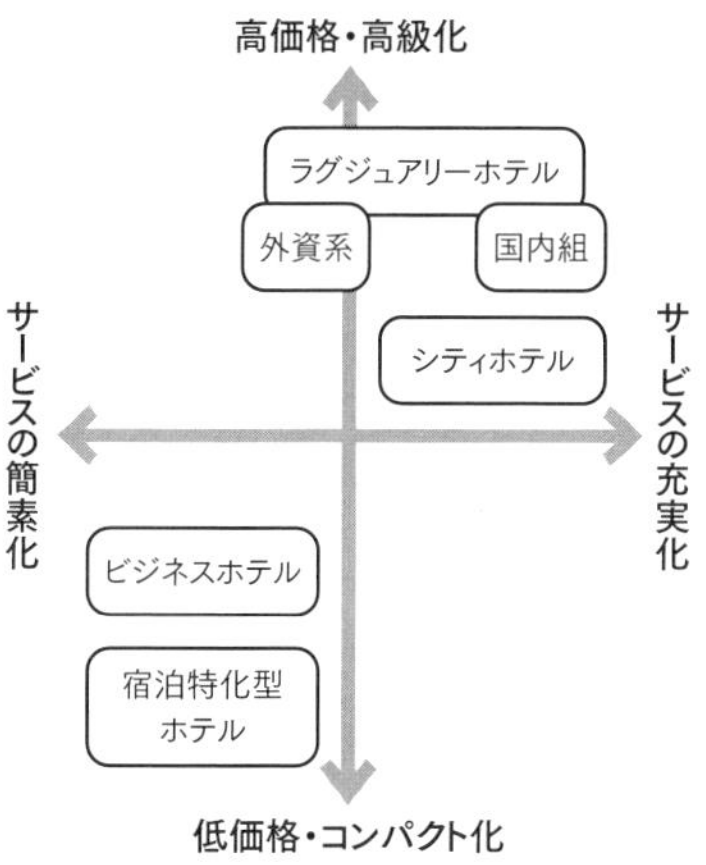

06

インバウンドが生んだ新しい宿泊スタイル

若い個人オーナーが目指す新しい日本の宿

２０１０年代後半に年間で３０００万人超となった外国客の宿をあの手この手で供給してきたのが、この10年のホテル業界だったといえる。旅館業が数の上では最多だった業界が、これを機に新陳代謝を遂げつつあった。

なかでも興味深いのが、宿泊タイプでは「簡易宿」に分類される、若い世代向けのおしゃれでリーズナブルなホステルやゲストハウスが各地に生まれたことだ。

▼ゲストに安心感を与える宿

２０１０年10月に台東区下谷の築90年の古民家を改装したゲストハウス『ｔｏｃｏ』を開業したＢａｃｋｐａｃｋｅｒｓ Ｊａｐａｎは、東京と京都に個性的な宿をいくつも運営している。大学時代の友人４人と設立した同社の宮嶌智子さんは、１号店の『ｔｏｃｏ』を開業する前に3ヵ月かけて海外のゲストハウスの調査の旅に出ている。印象に残っているのは、ブルガリアの首都ソフィアのホステルで「マネージャーやスタッフのゲストに対する声かけが心地よかった」という。ホステル経営で大事なのは「ゲストに安心感を与えること」と彼女は語る。

同社の宿のゲストの８割は外国客だという。海外のゲストハウスと同様に、複数の見ず知らずのゲストが寝起きを共にする2段ベッドが並ぶドミトリー式の部屋と個室の2タイプがある。特徴的なのは、単なる宿泊施設ではなく、さまざまなイベントを通してゲストと日本人が交流できる共有スペースを有していることだ。

２０１７年3月に東日本橋に開業したホステル

『CITAN（シタン）』では、地下1階をバーとして運営し、ライブ演奏などのイベントを定期的に行っている。ライブの日には、地元の日本人と同ホステルの若い欧米客が演奏に耳を傾けていた。若いオーナーによる、これまで日本になかったタイプの新しい宿が生まれている。

▼空き家を再生したゲストハウス

東京都豊島区椎名町の商店街に2016年3月に開業したゲストハウス『シーナと一平』も、長く空き家だった元とんかつ屋をリノベーションしてゲストハウス兼カフェとして開業させたというから、相当ユニークな宿だ。

豊島区の空き家率は15・8％と東京23区で最も高く、区は空き家の再生で地域の魅力を高める構想を進めている。同ゲストハウスは、豊島区の「リノベーションまちづくり」事業の一環で開かれたリノベーションスクールに参加した男性が始めたものだ。

面白いのは、2階は外国客向けの宿泊施設なのだが、1階をカフェとして利用していること。カフェを担当する藤岡聡子さんによると「都内一といわれる空き家率の背景に、豊島区における30代（子育て世代）の流出があります。いかに子供を育てやすい環境をつくるかという観点も、この施設の運営にとって大切」という。

椎名町は池袋に近い徒歩圏内でありながら、昔ながらの商店街がいまだに残っている。個人経営の食堂も多い。「うちに泊まった外国のゲストが、近所の商店街で焼き鳥を買って、カフェスペースでビールを飲んだりできる。そんな宿にしていきたい」（藤岡さん）。

こういう滞在のあり方が日本らしい町の楽しみ方なのかもしれない。

「CITAN（シタン）」の地下1階の バーでは定期的にライブ演奏がある

とんかつ屋の外観を残しているため、一見ゲストハウスには見えない「シーナと一平」

07

リゾート再生事業への期待

衰退する旅館業。地域経済の低迷。再生に向けた新しい取り組み

日本の伝統的な宿泊業者である旅館業の長期低落傾向に歯止めがかからない。背景には、地域経済の低迷がある。消費者の変化も大きい。かつて盛んだった宴会目的の団体旅行が激減し、個人旅行が主流になってきた。バブル時に多くの旅館が増設や宴会施設に投資を行ったことから過重債務となっている。

加えて、旅館経営は小規模個人事業主が大半のため、経営手法も時代の変化への対応が遅れた。旅館業の再生は新たな資金投入と運営ノウハウの導入が不可欠になってきたのである。

▼旅館の再生プロジェクト

こうしたなか注目されるのが、リゾート再生事業である。経営破綻した旅館を民間のスポンサーが買い取り、新たな投資を行うことで消費者のニーズにマッチした設備開発や効果的なマーケティング手法の導入。運営方法の大幅な改善などに取り組むことで、旅館の再生につながる事例が出てきたのだ。

その代表例が「リゾート再生の達人」と呼ばれる（株）星野リゾート（星野佳路社長）だ。長野県軽井沢に本拠を持つ同社は１９１４年に軽井沢に星野温泉旅館を開業した老舗旅館だが、２００１年以降、各地で温泉旅館の再生事業に取り組み、数多くの成功事例を生み出している。

皮切りとなったのが、01年のリゾナーレ小渕沢（山梨県）だ。経営破綻した法人会員制リゾートを取得し、再建に乗り出した。イタリアの建築家マリオ・ベリーニの設計による優れた施設を持ちながら、法人需要の低迷などの外部要因も重なり、十分に活かせなかった反省から、同施設の運営コンセプトを「大人

のための子供のリゾート」に大きく転換。ファミリー層にターゲットを絞ったマーケティング戦略が功を奏し、再生3年目で黒字化を達成した。

東北屈指のスキー場、アルツ磐梯リゾート（福島県）も03年から星野リゾートが経営権を握り、独自の運営手法で再生に着手した。老舗温泉旅館の再生も手がけている。「白銀屋」（石川県山代温泉）や「湯の宿 いづみ荘」（静岡県伊東温泉）などだ。

▼運営に特化した再生事業

星野リゾートの再生事業の特徴は「運営」に特化していることだ。一般に旅館経営は、施設の「所有」や「開発」はすべて事業主が行っている（旅館の主人は自分で建物を建て、それを所有し、経営もする）。そこに旅館経営の行き詰まりがあった。そこで外資系ホテルの運営手法にならって切り離すのである。

運営の考え方としては、顧客志向の発想に転換することが第一義となる。現代的なマーケティング手法を取り入れ、利益を生み出すしくみを開発することに集中する。基本的に同社では、総支配人などのキーマンを同社から送り込み、運営の方向付けをしながら、現場は従来の従業員に引き継いでもらうというやり方を採っている。

「星のや 軽井沢」

リゾート再生事業に取り組む星野リゾートの本丸が、2005年7月にオープンした「星のや 軽井沢」だ。再生の請負人自らが運営するリゾートだけに注目を集めている。

「もう一つの日本」「隔離された集落」といったコンセプトに基づく同リゾートには従来の旅館像とはかけ離れた斬新な取り組みが見られる。まず、チェックイン・チェックアウト時間を滞在のスタイルに合わせ15時イン・12時アウトと18時イン・15時アウトの2タイプを用意。「瞑想する湯」をコンセプトとした温泉施設「メディテーションバス」の利用時間を15時から翌日11時半までとしている。

画期的なのは、旅館の定番である「1泊朝夕2食付き」をやめ、朝食付きのみの設定としたことだ。宿泊客の食事の自由度を高めたのである。その代わりに24時間ルームサービスを実施している。

こうした取り組みの背景には、綿密な顧客満足度調査がある。宿泊客が旅館で不満を感じていたのは、旅館の都合で固定化していた食事や風呂の時間だった。いま求められているのは「泊食分離」なのである。徹底したマーケティングの賜物だ。

さらにユニークなのは、同リゾートでは客室にテレビを置かないなど、あえて不便とも思える「隔離された集落」のイメージを演出していることだ。

快適を追求するあまり失われた非日常性。そこにこそ世界に通じる温泉旅館像がある。

08

ネットがもたらした客室販売の変革

多チャネル化により複雑化。いかに流通をコントロールするかが課題

「あと何部屋インターネットに回そうか」

インターネット予約の普及によって、客室の売り方が大きく変わってしまった。かつてホテルは主に旅行会社に販売を代行依頼してきた。そのため半年前から客室を仮押えされ、15〜20％の手数料を旅行会社に支払ってきた。ところが、楽天トラベルをはじめとした宿泊予約サイトの登場や自社サイトのオペレーションを通した直販の道が生まれた。冒頭の言葉は、ホテルの営業担当者がネット予約用の客室数（価格も含めて）を独自の判断で決められるようになったという意味だ。

▼ビジネス慣行を変えたネット予約

ホテルの客室は、当日までに売り切らなければ在庫は持ち越せない生鮮食品と同じ。一般にネット予約は直前の利用も多く、自社サイトを使って割安なプランを出すことでギリギリまで集客を図ることが可能だ。そのぶんネット比率を増やし過ぎると収益率は悪化するというジレンマがある。ネット予約に慣れた利用者のなかには、数日前にいったん予約を入れておいて、料金の下がる前日にキャンセルを入れ、あらたに予約を入れ直すという人もいるという。これは航空券のように前金を取るシステムがホテルにないためだ（一般に航空券は予約とともに決済する。予約日が早いほど料金が安く、出発日に近づくほど高くなる。ホテルの逆なのである）。

こうしたなか、いかに収益性を低下させずに客室販売をコントロールするかが大きな課題となってきた。今日、ホテルの予約経路はきわめて多様化している。自社サイトはもちろん、従来の旅行会社や楽

天トラベルをはじめとしたネット旅行会社も加わった。それぞれの販売チャネルが料金やサービスの異なる商品を独自に造成することで、料金体系はますます複雑化している。

そのため、営業担当者はホテル全客室の予約状況を睨みながら、チャネルごとの客室数を調整したり、自社販売の間際予約分の料金を随時コントロールする必要が出てきた。単に客室がすべて埋まればいいという「客室稼働率至上主義」では収益を上げることが難しくなってきた。いまやＩＴがもたらす低価格化の波はホテル業界に大きな影響を与えつつある。旅行会社が客室の大半を確保していた時代とは業界慣行が大きく変わってしまったのだ。

ホテル予約経路の多様化

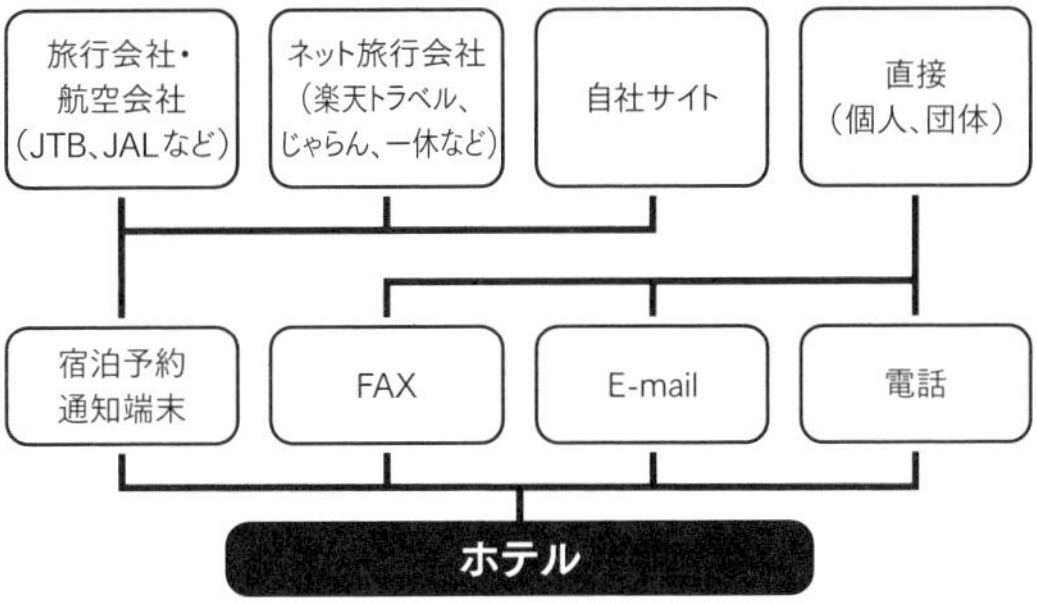

ネット予約なしでは営業は成り立たない

ホテル業界と旅行業界はかつて長い蜜月の時代を過ごしてきた。ホテルの予約は旅行会社でするもの、というのがある時期まで世間の常識だったからだ。ある時期までという意味はインターネットが普及するまでということだが、航空券販売と同じで客室の稼働率を高めることがホテル業の収益のベースであるから、顧客の大半を送客してくれる旅行業界はいわば運命共同体ともいえたのである。

ところが、いまや国内のホテルや旅館はネット予約なしでは営業が成り立たなくなっている。その状況は、訪日外国人旅行者が急増するなか、決定的なものとなった。だが、これは逆にいえば、チャンスともいえる。たとえ無名の宿泊施設でも、ネット上でうまくアピールすれば、集客が可能となるからだ。

ホテルが装置産業である以上、いかにその日のうちに空室(在庫)を効率よく買ってもらえるかが課題である。しかし、やみくもに間際予約ということで値下げ競争に走ってしまうと、結果的に客室単価の低下が恒常化してしまうことで収益につながらない。

ネットビジネスにおいても、いかに付加価値をつけて販売するかが問われているわけだ。

09

民泊市場の誕生とその行方

ホテル業界を揺るがす存在として注目

２０１０年代に登場した民泊市場は、ホテル業界を揺るがす存在として注目されている。

民泊とは、一般住宅の空いている部屋を旅行者に貸し出すことで、訪日外国人の増加による大都市圏の客室不足や料金の高騰が背景にあった。民泊には以下の３つの類型がある。大規模イベント時などに臨時で部屋を貸し出す「イベント型」、ホストの自宅の空いた部屋を利用する「ホームステイ型」、そしてホストの住まない部屋を貸し出す「非居住型」だ。

▼民泊新法成立の背景

日本の民泊は、米国の民泊マッチングサイト「Ａｉｒｂｎｂ」が２００８年に設立され、しばらくたった２０１０年頃からひそかに動き出していた。14年5月、Ａｉｒｂｎｂ Ｊａｐａｎが設立されると、動きは加速した。

東日本大震災後、訪日旅行市場が右肩上がりで上昇していくなか、ＩＴスキルを活用してマンションやアパートの空き室などで民泊を運営するホストや、彼らのために各種サービスを提供する代行会社が続出し、大都市圏を中心に市場は拡大する。ところが、あまりに手軽にマッチングできることから非居住型民泊が増え、近隣住民の不安や懸念が広がった。彼らのやり方は、高齢化が進み、コミュニティの衰退が進む都市の弱みに付け込むようにも見えたことから、その時点で民泊は違法とはいえないものの、メディアはグレーゾーンの領域に増殖する「ヤミ民泊」を糾弾する結果となった。

一方、日本には人口減と空前の空き家問題があり、拡大する訪日旅行市場を経済活性化につなげたい経済界の意向も強かった。ホストが自治体に届出を行い、年間の営業日数の制限を守るなど、ルールを明確にすることで、民泊を合法化していく政治的な機運が生まれた。そして17年6月、民泊新法（住宅宿泊事業法）が成立。施行日は18年6月15日となった。

▼エアビーショックと今後の行方

ところが、民泊新法の施行前夜、マッチングサイト最大手のＡｉｒｂｎｂが、自治体からの許認可がない国内の民泊施設の6月15日以降の予約を取り消したことから、関係者に大きな衝撃が広がった。いわゆる「エアビーショック」である。

予約を入れていた訪日客は突然のキャンセルに戸惑った。「観光庁がエアビーに聞き取ったところ、6月15日以降の予約は30日までで4万件、年末までで15万件。全てが取り消されるわけではないが月内だけでも3万件超の解約の恐れがある」（日本経済新聞　2018年6月8日）とメディアも影響の大きさを報じた。

その後、民泊ホストの多くが撤退し、Ａｉｒｂｎｂの登録ホスト数は一時激減した。

これほど民泊が社会的影響力を持つに至った背景には、日本の宿泊施設が外国客のニーズとミスマッチ（ｐ・82）を起こしていることも考えられる。多くの訪日客にとって民泊はリーズナブルな旅行を楽しむうえで頼みの綱となっていた面がある。

施行後、市場からの撤退を余儀なくされたのは、民泊施設から遠く離れた場所からＩＴスキルを活用して運営していた非居住型のホストだった。そのぶん、当初から合法的に取り組もうとしていた民泊ホストたちには追い風となり、ホスト数は再び増え始めた。

民泊マッチングサイト最大手のAirbnb

彼らは、従来のホテル業界の発想からは自由で、利用客のニーズに応えようとすることで支持を得ている。

民泊新法（住宅宿泊事業法）は、日本の宿泊シーンを変えつつある。今後はホテル業界との住み分けがどうなるか注目される。

10

「withコロナの時代」にホテルはどうなるか

2020年代はこれまでの価値観が大きく変わる時代へ

訪日外国人の増加に強く後押しされて好調を維持していた２０１０年代のホテル業界だが、実をいうと、後半の17年頃からは訪日外客数は思うほどには伸びていなかった。かつて政府が掲げていた20年に４０００万人達成という目標は、早い段階で難しいとされていた。そのため、大阪や九州方面では、ホテルの供給過剰が指摘され始めていた。

それでも、「20年はオリンピックイヤー年だから、停滞モードに入っていた訪日外国人は必ず増える」と宿泊業界は皮算用していた。その期待は新型コロナウイルスで、無残に裏切られることになった。

▼ポイントは施設の清掃と消毒

今後しばらく我々の社会は自粛と解除を繰り返す生活になるといわれている。感染終息には２０２２年までかかるという専門家の声もある。新型コロナウイルスとの共存を前提とした「ｗｉｔｈコロナの時代」に、ホテルはどう変わるのだろうか。

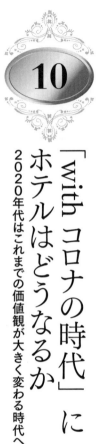

レジャー客が消滅するなか、アパホテルや東横インのように、無症状、軽症者の受け入れに名乗りを上げるホテルも出てきた。一般宿泊者を同時に受け入れない一棟借り上げ方式だという。一方、5月上旬、長崎市に停泊中のクルーズ客船の外国籍乗員の中に感染者が出たが、無症状、軽症者の隔離、療養に充てる借り上げ用の宿泊施設が決まらないことが報じられている。「〝内定〟したホテルの周辺住民が反対を表明するなど選定は難航」（西日本新聞２０２０年5月9日）したせいだという。

ホテルは、その日の施設の利用から対価を得る「装置産業」であり、経営にとって施設そのものがクラスターとみなされることは致命的だ。衛生管理の徹底が求められる。

ポイントは施設の清掃と消毒だ。これは民泊関係者の話だが、５月に入ってようやく国内客から予約検討のメールが届くようになったところ、「清掃や消毒について質問されることが増えた」という。予約受付も前客のチェックアウト後、すぐ埋めるのではなく、１日空けるなど調整しているそうだ。民泊マッチングサイトのＡｉｒｂｎｂも、清掃方法のポリシーをウエブ上に掲載することをホストに奨励しているという。

大手のホテルチェーンでは「クリーンステイ」の標語を掲げ、ロビーやエレベーターなど公共スペースの清掃回数を増やし、客室の消毒の徹底に加え、空調システムの見直しなどが始まっている。

▼快適より安心が優先される

いうまでもなく、ホテルはテレワークだけではカバーできない業態である。感染につながる人と人の接触を減らす自動チェックインをはじめとしたコンタクトレス・サービスのニーズは高まるだろう。これまで日本では対応が遅れ気味だったスマホアプリを積極的に活用することも必要だろう。

「ｗｉｔｈコロナ時代」において評価につながるのは、その施設が感染を避けるためにどれだけ手を尽くしているかをわかりやすく伝え、見える化することだろう。ホテル業界が好調だった２０１０年代に求められた客室のデザイン化や快適化、おもてなしの質といった施設の価値を高める方向性はしばらく置いて、ゲストが安心して利用できる環境が優先されると考えられる。

団体旅行という形態がしばらく想像できない以上、今後大半を占めるであろう個人客の民泊志向に拍車がかかるかもしれない。もてなしを「提供する側」と「受ける側」という主従関係ではなく、お互いが協力して感染を防ぐという「ホスト」と「ゲスト」のパーソナルな関係性への切り替えが進めば、むしろ民泊が実現しやすいかもしれないからだ。

２０２０年代はこれまで培われてきたホテル業の価値観が大きく変わる時代となるだろう。

11

ブッキングサイトへの打撃と新しい役割

新しい宿泊業のガイドラインづくりにいかに貢献できるか

「ｗｉｔｈコロナの時代」は、ホテルの施設やサービスだけでなく、予約のしくみや基準も変化を迫られる。今日の圧倒的な需要消滅でホテル業界同様、苦境に瀕しているのが、ホテルの予約をオンラインで行うブッキングサイトである。

報道によると、米国の宿泊予約サイト大手のブッキング・ドットコム（Ｂｏｏｋｉｎｇ．ｃｏｍ）では２０２０年第１四半期の取扱額が半減したという。Ａｉｒｂｎｂも従業員の25%を一時解雇したことが伝えられている。

▼無名の宿に集客のチャンスを与えた

世界最初の旅行会社とされる英国のトーマスクックが２０１９年破産宣告したことに象徴されるように、今日の観光市場は従来型の旅行会社が仕切っているわけではなく、むしろブッキングサイトに取って代わられつつある。

ブッキングサイトは、国内の多種多様な宿泊施設と外国客を直接結びつけている。日本の事情をよく知らない外国客にとって自ら希望するエリアや価格帯、客室タイプなどから最もふさわしい宿を選んでくれる。

ブッキングサイトが有する世界につながる巨大なプラットフォームによって、どんな地方の無名の宿でも集客のチャンスをもたらした。地方の小さな町に、ひょっこり外国人が訪れることも珍しくない時代になった。日本のインバウンド躍進にも、果たした貢献は多大なものがあった。

大手ブッキングサイトのトリバゴ（ｔｒｉｖａｇｏ）のＣＭで知られるように、ホテルの客室料金がどのサービス経由で予約するかによって変わることは、いまや多くの人にとって常識だろう。

今日のホテルの経営では「レベニューマネジメント」（p・68）が常識となっている。その日の客室総売上を販売数で割った値であるADR（平均客室単価）と稼働率を調整して、1日の販売可能客室数あたりの売上であるRevPARを最大化させることが重要とされる。稼働率がいくら高くても、ADRが低ければ利益は上がらないからだ。

しかし、これからは過度な集客が忌避されることが予想される。2010年代のような高い客室稼働率には今後は頼れなくなるし、利益の最大化を第一義にする経営は成立しにくくなるだろう。ブッキングサイトにとってもそれは同様だ。

外国客が利用する主なブキキングサイト

- Expedia http://www.expedia.co.jp/
- Agoda http://www.agoda.com/ja-jp
- Booking.com http://www.booking.com/index.ja.html
- Hotelbeds http://www.hotelbeds.com
- HomeAway https://www.homeaway.com
- Ctrip http://www.ctrip.com
- 楽天トラベル http://travel.rakuten.co.jp/

▼「料金比較以外の価値」をどう伝えるか

需要そのものが激減しているいま、「料金比較以外の価値」をどう伝えるかが問われている。それが右肩上がりに頼れない時代のブッキングサイトの新しい役割ではないかと思う。

宿泊という営みは、不特定多数が公共スペースを利用する以上、ホテル側の取り組みだけでは感染回避の問題は解決しない。ゲストの心がけや宿泊スタイルにも新たなルールづくりが必要だろう。

新型コロナウイルス感染症専門家会議からの提言をふまえた「新しい生活様式」の実践例が公表されたが、そのホテル版となるゲスト向けのガイドラインをつくる動きが広がっている。こうした新しい宿泊業のガイドラインづくりに、さまざまな宿泊施設の情報を横断的に把握することが可能なブッキングサイトは貢献してほしい。

エクスペディアのキャラクター「エクスベア」

Column 01

ゲストをエスコートするロボットも登場

新型コロナウイルスの感染拡大によって、人々の働き方が変わり、在宅勤務やテレワークが広がりつつある。とはいえ、ホテルは言うまでもなく、テレワークだけではカバーできない接客をともなう業態である。

だとしても、ゲストはもとより、ホテルで働く人たちの安全対策も重要であることから、感染につながる人と人の接触を減らすコンタクトレス・サービスのニーズは高まるだろう。

コンタクトレス・サービスにはさまざまなものがあるが、筆者はここ数年、中国にある自動チェックイン機やロボットのサービスをいくつか体験したので、紹介しよう。

まず、浙江省杭州にあるFly Zoo Hotel。このホテルは中国EC業界最大手のアリババ本社に隣接していて、同社の社員の利用も多いという。1階のロビーを入ると、何台かの自動チェックイン機が並んでいる。すでに予約を済ませていれば、パスポートをスキャンすることでチェックインができる。ロビーにはホテルスタッフはいないが、慣れない客のために必要であれば呼ぶこともできるので、ひとまず安心だ。中国の場合、モバイル決済が普及しているので、予約からチェックイン・アウト、決済まですべてスマホさえあればできるのが便利といえる。

チェックインが済むと、ロボットがおもむろに近づいて来る。ちょっと不思議な気分である。そしてゲストを客室まで案内してくれる。ロボットについていくと、エレベーターの前まで来て、扉が開くと、一緒に乗り込む。ロボットが語るのは中国語だが、客室まで来ると、あいさつをして戻っていく。

アリババのお膝元の杭州以外でも、自動チェックイン機やエスコートロボットの導入は始まっている。中国遼寧省の瀋陽市内にあるルメリディアン瀋陽（沈阳和平艾美酒店）のロボットは、チェックイン客のエスコートだけでなく、ルームサービスを運んでくれる。同ホテルの施工は積水ハウスが担当していて、客室の内装のデザインはシックで落ち着いた色調や環境を意識した素材を使われている。トイレやバスはTOTO製だ。

中国のホテルにおけるコンタクトレス・サービスは、新型コロナウイルス対策のために始まったものではないが、日本より取り組みは進んでいる。はたして客室へのエスコートが必要かと思わないではないが、いまは新鮮で面白い。今後ロボットの使い道は広がっていくことだろう。

Fly Zoo Hotelの自動チェックイン機

ルメリディアン瀋陽のエスコートロボット

The History of Hotel Diversification

多様化するホテルとその歴史

chapter 2

01 シティホテル

都市部に立地。一般観光や商用などあらゆる客層を対象

ホテルの世界は、業態や経営形態などによりいくつかの種類に分類できる。同じ業態のホテルの中でも立地や価格帯、利用目的などによりさまざまなカテゴリーがある。

一般に日本では、業態によるホテルのタイプを以下の３つに分けて考えることが多い。

まず、都市部に立地する一般観光や商用などあらゆる客層を対象にした「シティホテル」。会議やパーティ、レストラン利用など、都市におけるコミュニティ機能を持っている。日本特有の形態で、出張などのビジネスマン向けに格安料金を打ち出した客室主体型の「ビジネスホテル」。海や山、避暑地、温泉地など観光や保養などレジャー目的に利用され、独自のアミューズメント施設を売りにしている「リゾートホテル」である。

▼客室以外の多様な施設で集客する

シティホテルは都市部に立地する大型ホテルで、ビジネス客を中心に旅行者を受け入れている。客室以外に宴会場やレストラン、プール、フィットネスジム、エステティックサロン、スパ、ショップなどさまざまな機能を有し、結婚式やディナーショー、講演会、株主総会などの宿泊以外のイベントの利用にも対応できることが特徴だ。

日本では１９７０年代から、これらの各種施設を付加したシティホテルが各地に急増した。こうした宿泊者以外の利用を目的とした多機能型のホテルを「プラザホテル」ともいう。

客室は２人用であるツインルームが一般的。隣の部屋とドアがつながっていて、コネクティングルー

ムとして2部屋を家族や親戚などのグループが一緒に使うことができるタイプもある。

日本のシティホテルは独自の歴史を持っている。たとえば、駅前にある「ステーションホテル」や空港にある「エアポートホテル」、その街の迎賓館的な役割を持つ「グランドホテル」などだ。グランドホテルは、日本の高度経済成長に伴い西洋式のライフスタイルが一般化していくなかで、大都市圏の老舗シティホテルと同様の宴会機能を持つ格式のあるホテルとして全国主要都市に誕生した経緯がある。

最近では、アミューズメント機能を全面に打ち出した「アーバンリゾートホテル」と呼ばれるホテルが登場している。横浜みなとみらいからお台場を経て千葉・舞浜に至る東京ベイエリアに多く立地されるホテル群である。まさにそこは「都会の中のオアシス」。都市に滞在しながら「癒し」や「リゾート感覚」を味わうことができる。

新宿新都心に位置するヒルトン東京。37階にあるエグゼクティブフロアには専用ラウンジがある。

海外のホテル分類

日本のホテル分類と違い、海外のホテルは価格帯によって以下の5段階に分類できる。価格の違いは、建物スペックやサービスのグレードの違いで表現される。

●ラグジュアリー・ホテル
(Luxury Hotel=高価格帯ホテル)

設備、サービスとも最高級グレード。ザ・リッツ・カールトン、グランドハイアットなどがこのゾーン。

●アップスケール・ホテル
(Up-scale Hotel＝上級価格帯ホテル)

ラグジュアリー・ホテルの高級感を維持しつつ、サービスや人員配置を効率化したフルサービス・ホテル(料飲施設を備えた多機能型ホテル)。ヒルトン、シェラトン、マリオットなどがこのゾーン。

●ミッドプライス・ホテル
(Mid-price Hotel＝中間価格帯ホテル)

ビジネス客やファミリーが利用する。ホリデイ・イン、コートヤードなどがこのゾーン。

●エコノミー・ホテル
(Economy Hotel＝徳用価格帯ホテル)

手頃な料金とシンプルなデザインの単機能型ホテル(料飲施設を最低限に抑え、宿泊に特化したホテル)。コンフォートイン、ロードウェイインなどがこのゾーン。

●バジェット・ホテル
(Budget Hotel＝格安価格帯ホテル)

建築費や運営コストを極限までしぼりこんだ廉価の単機能型ホテル。スリープイン、エコノロッジなどがこのゾーン。

02

ビジネスホテル、宿泊特化型ホテル

ビジネスホテルは和製英語。80年代にチェーン化が進む

▼ビジネス客向けの手頃な価格の「ビジネスホテル」

シティホテルと同じく、都市の繁華街（一般に駅前など交通の便利な場所にあることが多い）に立地する、主にビジネス出張客の宿泊のためのホテル。1960年代後半頃からビジネス出張の急増に伴い、出張客を対象とした料金の手頃な中級ホテルの需要が急増した。そこで生まれた日本特有のスタイルを持つ宿泊主体型ホテルが「ビジネスホテル」（和製英語。欧米には存在しない）だ。80年代に入ると、ビジネスホテルのチェーン化が進み、全国展開されるようになった。

シティホテルに比べると、利用目的から格式張ることも豪華な施設も必要ないため、客室数は少なく、低料金であることが特徴だ。日本の場合、1泊5000円～1万円のものが多い。客室はシングルがほとんどでユニットバスを備え、利用客のニーズに応じた最新機能が整備されている。レストランなどの宴会施設はあっても小規模の場合が多い。シティホテルとの差別化を明確にすることで急成長してきた。客室稼働率の高さが経営の指針となる。

なお、海外で「ビジネスホテル」という場合は、一般にエグゼクティブ客を対象とした高級シティホテルを指すことが多い。広々とした部屋に会議室や宴会場などの充実したビジネス設備や、フィットネスクラブなどのリフレッシュメント施設が併設されているケースが多く、日本におけるシティホテルがそれに近い存在だ。日本のビジネスホテルに近いのは、むしろ海外ではモーテルなどのリーズナブルなロードサイド型ホテルだろう。

▼安さとサービスを特化した「宿泊特化型ホテル」

1章でも触れたように、日本特有の形態であるビジネスホテルの進化系として１９９０年代に登場したのが、「宿泊特化型ホテル」と呼ばれる、設備を最小限に絞り込みさらなる安さとサービスを追求したホテル群である。シングルで1泊５０００円前後というのが主流の価格帯となっている。

背景には、90年代初頭のバブル崩壊以降、ビジネス客が出張旅費を削られたため、まず低価格で客室を提供できることが第一条件となったことがある。客室料金を安く抑えるためには、宴会やレストランなど客室以外の施設は最小限に抑え、宿泊に特化することで収益を上げていく。これはバブル時代のシティホテルの経営戦略を反面教師としたビジネスモデルといえるだろう。

近年では宿泊特化型ホテル同士の競争も激化しており、ただ安いというだけではなく、客室の機能性や快適性をより高めたり、おにぎりや食パン、コーヒー程度の朝食を無料で付けるところが増えている。こうしたサービス競争はレジャー客だけでなく、効率重視のビジネス客にとってはありがたい存在だ。客室タイプはシングルルームが多く、客室の広さも最小限に抑えてある。ホテルによっては、人件費節約の目的で、機械によるチェックイン・アウトのシステムが導入されている場合もある。

日本独特のユニークな宿泊施設に「カプセルホテル」がある。１９８０年代に登場したサウナなどの付帯施設のあるカプセル型個室はおなじみだろう。また1週間から1カ月単位の長期ビジネス出張に対応した「ウィークリー・マンション」もある。

最近、カプセルホテルを利用する外国客が増えている

03

リゾートホテル

リゾート地に立地した高級多機能型ホテル。大規模から「隠れ家」風まで

リゾートホテルとは、温泉や高原、ビーチなどのリゾート地に立地するレジャー目的で滞在するためのホテルである。団体客用の大規模なものから、「隠れ家」風の客室数を限定した小規模のものまで、さまざまなタイプの施設がある。

▼日本独特のスタイル

一般的に日本のリゾートホテルはファミリー客や団体での利用を想定したものが多く、日本人の嗜好に合わせて靴を脱いでゆったりとした気分を味わってもらえるように畳敷きの和室を設けたり、洋室と和室を兼ねた和洋室が用意されているホテルもある。最近では、こうした独特の和洋折衷スタイルが外国人客に喜ばれるという面も出ている。また、温泉地では館内に共同大浴場や個室風呂、露天風呂などを持っているところが多く、温浴施設による差別化は極めて重要なポイントになっている。

もともと日本の観光地には旅館という伝統的な宿泊施設があり、リゾートホテルといえどもその影響は免れなかった。両者の区別は外観はともかく内部の仕様は曖昧だ。たとえば、館内での浴衣やスリッパ履きが許容されるなど、シティホテルでは考えられないことである。シングルルームは設置されておらず、個人旅行者は想定されていなかった。料金は旅館と同様に1泊2食で設定されているところが多い。

こうした日本独特のリゾートホテルのスタイルは、1960年代以降、日本人のレジャー熱が高まるなかで、旅行会社による団体旅行客の大量送客に応えるかたちで、施設の大規模化が進んだ。西洋式ホテルになじみの薄い当時の日本人好みの和洋折衷型客室も必然の結果だったといえるだろう。ところが、90年代のバブルの崩壊以降、こうした団体需要は激減し、同時に海外旅行の一般化により多くの日本人が西洋式ホテルになじんできたことなどの理由から、従来型のリゾートホテルは時代遅れに見られるようになった。また、70年代当時に建てられた施設は老朽化していることから、魅力は減退し、それが日本の観光地に大きな打撃を与えている。

近年、各地で今日のリゾート客の嗜好に合わせた施設の改装とサービスの変革が始まっている。自由度の高い滞在を好む利用者の動向に合わせ、シティホテルと同じように宿泊のみの料金設定をするホテルも増え始めている。

沖縄県名護市にある高級リゾートホテル「ザ・ブセナテラス」は日本の中にあるアジアンリゾートだ。エステティックルームや10のレストラン、ウエディングテラスなどが揃い、ホテルの滞在そのものがリゾートといえる。

カジノ待望論

「お台場にカジノを」。古くは1999年石原慎太郎東京都知事（当時）の打ち上げた構想により、地域振興の切り札としてあげられるのがカジノ待望論だ。朝日新聞2006年4月7日によると、「お台場にできれば来客1447万人」（博報堂）と景気のいい試算も飛び交う。02年の構造改革特区の募集には、宮崎県や石川県などから7件の「カジノ特区」の提案があった。その後も、解禁を見据えた施設の誘致の動きが広がっている。

東京五輪も決まり、自民党を中心に「国際観光産業としてのカジノを考える議員連盟」（カジノ議連）を立ち上げ、運営地主体を地方公共団体とした解禁法案の構想をまとめた。

慎重論も根強い。懸念は、ギャンブル依存症だ。精神科医によると、全国にギャンブル依存症は推定100万人。刑法では「賭博」とはされていないが、パチンコは全国に1万5000店。全国どこでも公然と賭博まがいの娯楽が楽しめる国は日本しかないといわれる。

一般に賭博を認める国では、税収の一部を依存症対策に充てるが、パチンコは賭博ではないとされるため、対策費は想定されていない。

カジノは本当に地域振興の切り札になるのだろうか。これもまたハコモノ誘致の繰り返しではないのか。待望論だけではなく、地域振興の青写真をどれだけ具体的に描けるか、そこが問われている。

04

クラシックホテル、コロニアルホテル

歴史の風格とモダンの粋をいまに残すホテル群

▼戦前に創業した「クラシックホテル」

日本のホテルは幕末の開国とともに誕生し、長く外国人客の迎賓館の役割を果たしてきた。明治から戦前にかけて創業したホテルの宿泊客の多くは、外国人で占められていたが、大正から昭和にかけて日本人も含めたビジネスマンやリゾート客を対象としたホテルが登場している。こうした戦前の建物を現在も使用して営業しているホテルを「クラシックホテル」と呼ぶ。大まかに以下のタイプに分類できる。

①外国人の避暑のために建てられた高原リゾートホテル…富士屋ホテル、箱根ホテル、日光金谷ホテル、万平ホテル、上高地帝国ホテルなど

②海浜リゾートホテル…鎌倉海浜ホテル（現存せず）など

③ゴルフリゾートホテル…川奈ホテルなど

④温泉リゾートホテル…志賀高原ホテル（歴史記念館として再生）、雲仙観光ホテルなど

⑤モダンなシティホテル…ホテルニューグランド、名古屋観光ホテル、宝塚ホテルなど

これらのホテルは歴史の風格とモダンの粋をいまも残しており、現代ホテルとは一線を画している。老朽化した施設をいかに現在の仕様に転換していくかが課題だが、クラシックホテルは、日本の近代化の歩みを映し出す独特の魅力を持っている。

▼アジア各地に建てられた「コロニアルホテル」

一般に「コロニアルホテル」というと、イギリスなどの西洋諸国が19世紀後半から20世紀前半にかけてアジア各地の植民地に建てたホテルで現存するも

のをいう。シンガポールのラッフルズ・ホテルやペナン島のＥ＆Ｏホテル、ホーチミンのマジェスティックホテル、ヤンゴンのザ・ストランドホテル、スラバヤのホテル・マジャパヒト、上海の和平飯店や錦江飯店など、現在でもその都市を代表する老舗ホテルとして健在だ。

「コロニアルホテル」の源流はインドにあるといわれる。植民者であるイギリス人はインドの高温多湿な環境のなかで快適に暮らすために、強い日差しをさえぎるための広いベランダや深い庇、鎧戸を付け、風が吹き抜けやすいように窓を大きく、天井を高くした。アジアの気候に合わせた外観上の意匠を西洋の石造建築に取り入れたものを「コロニアル様式」と呼ぶ。コロニアルホテルの魅力は、時代が生んだ西洋と東洋の折衷文化の不思議さにある。

日本も同じ時期アジアに植民地を持ち、各地にホテルを建設していた。たとえば、中国の大連ヤマトホテル（現大連賓館）は、日露戦争後、日本がロシアから獲得した遼東半島の港町・大連に１９０７年に開業している。その後、南満州鉄道株式会社（満鉄）は、鉄道沿線各地にヤマトホテルを建設した。当時の日本を代表する一大ホテルチェーンとして大陸に花開いたのである。

ただし、ヤマトホテルチェーンは西洋諸国が建てたコロニアルホテルとは位置付けが少し異なっていた。日本人の宿泊客向けというよりも、国策として植民地開発を進める日本にとって、西洋人をその地に受け入れ、開発に参画してもらうために必要な施設として建てられたからだ。日本のコロニアルホテルは、台湾や朝鮮半島各地に建設された。その一部は現在も残っている。

横浜港と山下公園のすぐそばにあるホテルニューグランドは、1927（昭和2）年の開業当時から外国人客に多く利用された。

1 最新の話題
2 ホテルの種類
3 ビジネスのしくみ
4 仕事紹介
5 主要各社の紹介
6 21世紀の展望
7 企業データ

05

デザインホテル

アート感覚あふれるライフスタイルの提案とファッショナブルな空間演出

歴史上さまざまなホテルが登場してきたが、いま最も注目を集めているのが「デザインホテル」と呼ばれるシックで個性的なホテル群だ。その特徴は、規模は小さめで外観のデザインや内装、インテリアにアート感覚が取り入れられていること。有名建築家やデザイナーが意匠を手がけることで、常に次世代のホテルシーンを先取りしてきた。

▼デザイナーとプロデューサーのコラボ

デザインホテルの始まりは、ディスコ・プロデューサーだったイアン・シュレーガーが１９８４年に手掛けたモーガンズだといわれる。ニューヨークにあった古いホテルをフランス人デザイナーのアンドレ・プットマンを起用して改装したものだ。アート感覚あふれるライフスタイルの提案とファッショナブルな空間演出が話題を呼んだ。デザイナーとプロデューサーのコラボレーションによって誕生した。

日本におけるデザインホテルの先駆けは、有名建築家が建てたホテルで、赤坂プリンスホテル新館（１９８３年開業、丹下健三。現グランドプリンスホテル赤坂）や六本木プリンスホテル（１９８４年開業、黒川紀章。現ヴィラフォンテーヌ六本木アネックス）が知られるが、新しいライフスタイルの提案という側面は少ない。むしろ日本の伝統的な生活文化を取り入れモダン化した高級旅館にこそ、デザインホテルの潮流が感じられる。最近では、新しいタイプも続々登場している。その特徴は、外国客の好む遊び心を感じさせるデザイン性と日本ならではの機能性を一体化させた設計手法にある。（口絵「日本のデザインホテルの新しい可能性」参照）。

▼デザインホテルのチェーン化

イアン・シュレーガーらが最初にモーガンズをオープンして10年後、欧米各地でデザインホテルのチェーン化が始まった。なかでも、スターウッドグループの1ブランドである「Wホテルズ」は有名だ。

1998年、当時スターウッドCEOだったバリー・スターンリヒトはニューヨークのレキシントンアベニューにWホテルを開業。既存の老朽化した物件を買収し、ヤングエグゼクティブ向けにハイセンスな意匠を施した。室内のインテリアや備品、ステーショナリーもセンスにこだわり、寝心地の良いベッド、機能的なデスクとIT環境の整備など、機能性、居住性、芸術性を極めた。遊び心あふれるスタイリッシュなホテルの登場は、若いセレブリティを引きつけた。

2014年12月に開業したアマン東京はまさに「都会の隠れ家」。同グループの初のシティホテルだけに期待が高い

主なデザインホテルチェーン

●Wホテルズ

スターウッドの人気ブランドのひとつ。ロビーや客室、バーなどどれも個性的で主張のあるデザインが特徴。最近は癒しの要素の強い意匠も見られる。

http://www.starwoodhotels.com/whotels

●design hotels

著名な建築家やデザイナーが手がけた、美しく個性的な独立系ホテルのマーケティングやレップ（予約代行）を行う企業として1998年に設立。ベルリンに本拠地を置く。日本でもパークホテル東京（東京・汐留）が加盟している。

http://www.designhotels.com/home

『デザインホテルズ アジア』（奈良澤充（株）ステアリングアンドアソシエイツ代表取締役著 MdN刊）

●アマンリゾーツ

元ジャーナリストのエイドリアン・ゼッカーが創業した高品質リゾートチェーン。1988年のアマンプリ（タイ・プーケット）を皮切りに、2009年2月現在、世界各地に20のリゾートホテルを展開する。ブータン、カンボジア、中国、インド、インドネシア、フィリピン、スリランカなどアジアの民族文化を取り入れた斬新なデザインが世界のセレブの心を虜にしている。

http://www.amanresorts.com

06

外資系ホテル

近年の進出ラッシュで注目。ブランドと運営力を駆使したラグジュアリーホテル

かつて日本を代表するホテルは、帝国ホテル、ホテルオークラ東京、ホテルニューオータニの「御三家」と呼ばれ、確固たるブランドイメージを誇っていた。サミットなどの国際会議や関係各国のＶＩＰの宿泊施設となったり、世界レベルでのホテル評価を得ていたのである。

しかし、すでにそれは過去の話である。その象徴が１９９０年代前半に相次いで開業したパークハイアット東京、ウェスティンホテル東京、フォーシーズンズホテル椿山荘 東京の外資系ホテルが新しいブランドとして定着。これらはかつての「御三家」に対して「新御三家」と呼ばれている。

90年代以降に登場した新世代ホテルは、外資系のブランドと運営力を駆使した「ラグジュアリースタイル」を日本の消費者に向けて打ち出した。新御三家やザ・リッツ・カールトン大阪などに代表されるのは、夢の空間の創出だ。商業施設とオフィスの複合一体化による超高層ホテルの登場といえる。パークハイアット東京や六本木にできたグランドハイアット東京などが代表的だ。

現代建築の粋を極めた近未来空間に職住一体化したライフスタイルを提案することで、ホテル周辺の施設をも含めた集客を図る。そこは新しいアミューズメントパークであり、大人のための観光地である。周辺のショッピング施設やレストランと一体化し複合化・エンターテインメント化することで、新しい情報の発信地となる。

▼外国のホテルオペレーション会社による運営

本来、外資系ホテルといえば、外国資本が国内の

土地を買収し、ホテルを建て運営することを指すが、日本の外資系にはこのケースは見られない。日本の企業がホテルの所有、経営を行っており、運営のみを外資系のオペレーション専門会社に委託しているケースがほとんどだ。

そのため、「外資系ホテル」というより「外国のホテルオペレーション会社による運営ホテル」というのが実情だ。同じく外資系オペレーション会社のフランチャイズや業務提携などのケースもあり、年々増える傾向にある。

主な外資系ホテルチェーン

〔米国系〕

- マリオット・インターナショナル（ザ・リッツ・カールトン、セントレジス、JWマリオット、リッツ・カールトン・リザーブ、ラグジュアリーコレクション、Wホテル、エディション・ホテル、ブルガリホテルズ ＆ リゾーツ、マリオット・ホテル、シェラトン、マリオット・バケーション・クラブ、デルタ・ホテル、ル・メリディアン、ウェスティン、ルネッサンス・ホテル、ゲイロード・ホテル、コートヤード・バイ・マリオット、フォーポイント、スプリングヒル・スイート、プロテアホテル、フェアフィールド・イン＆スイート、ACホテル、アロフトホテル、モクシー・ホテル、オートグラフコレクション・ホテル、デザインホテル、トリビュートポートフォリオ）
  https://www.marriott.co.jp/
- ヒルトンホテルズ（コンラッド、ヒルトン）
  http://www.hilton.co.jp
- ハイアット（パークハイアット、グランドハイアット、ハイアットリージェンシー、ハイアット・リゾート＆スパ）
  http://www.hyatt.com
- ローズウッド
  http://www.rosewoodhotels.com
- カールソン（ラディソン、リージェント、パークプラザほか）
  http://www.carlson.com
- チョイス（コンフォート、クオリティ、スリープイン、クレリオンほか）
  http://www.choice-hotels.com
- ベスト・ウエスタン
  http://www.bestwestern.jp
- フェアモント
  http://www.fairmont.com
- アウトリガー（オハナホテルズ）
  http://www.outrigger-japan.com

〔欧州・アジア系他〕

- インターコンチネンタル（英 ホリデイ・イン、クラウンプラザ）
  http://www.ichotelsgroup.com
- アコー（仏 ソフィテル、ノボテル、メルキュール、イビス、フォーミュラ・ワンほか）
  http://www.accorhotels.com
- クラブメッド（仏）
  http://www.clubmed.co.jp
- フォーシーズンズ（カナダ）
  http://www.fourseasons.com
- シャングリ・ラ（香港）
  http://www.shangrilahotels.com
- ザ・ペニンシュラ（香港）
  http://www.peninsula.com
- マンダリンオリエンタル（香港）
  http://www.mandarinoriental.com
- ラッフルズ（シンガポール スイスホテル）
  http://www.raffles.com
- アマンリゾーツ（シンガポール）
  http://www.amanresorts.com

07

外資系のブランディング戦略（旧スターウッドの事例）

市場におけるポジショニングをふまえたブランドマネジメント

外資系ホテルが海外で成功した鍵はブランディング戦略にあるといわれる。ブランドとは自社の企業イメージや商品、サービスを他社と差別化するために不可欠な、顧客に信頼や確信をつくり出す手段である。ブランドは「お客様との約束」であり、その見返りとしてロイヤリティ（忠誠心）を育み、商品価格やマーケットシェアにプレミアを生み出す。市場における自らのポジショニングをふまえ、それに見合った多角的なブランドマネジメントが必要だ。

▼12の異なるブランド差別化

たとえば、旧スターウッド（２０１６年にマリオット・インターナショナルに買収された）はかつて12のブランドを有していた。それぞれの「コアバリュー」（ターゲットとする客層やサービス追求の明確な方向性）を持ち、その特徴を極めることがブランドマネジメントだという。

●**シェラトン…**最もグローバルな高級ブランド。気軽で親しみやすくリラックスできる雰囲気を提供。35〜54歳のビジネスマン対象。シェラトングランドは２０１５年に設定された上位ブランド。

●**ウェスティン…**モダンラグジュアリー。シェラトンより少しリッチな層。裕福で若いビジネスエグゼクティブ対象。

●**セントレジス…**常に究極を目指す最高級「６つ星」ホテル。他のホテルでは真似のできない優雅な雰囲気を提供。バトラーサービスで知られる。

●**ザ・ラグジュアリーコレクション…**ホテルの滞在自体が目的。伝統を重んじる雰囲気を提供。セントレジスより若干若い層も対象。

●**フォーポイント・バイ・シェラトン**…空港近くや市街地中心部に位置する中級ホテル。実用的で堅実、価値にこだわるビジネストラベラー対象。

●**ル・メリディアン**…フランスのエスプリ、都会的センスのあふれるリゾートホテル。上位ブランドはル・ロイヤルメリディアン。

●**W**…若くて好奇心が強く、何事にもこだわりを持つヤングエグゼクティブ対象。興奮と驚きを体現し、常に新しい試みにトライする。

●**アロフト**…WホテルのDNAを継承した、ややカジュアルな新ブランド。

●**エレメント・バイ・ウェスティン**…新感覚のレジデンスタイプの新ブランド。

●**トリビュートポートフォリオ**…15年4月より展開した独立系高級ブランド。

スターウッドではこのようにきめ細かく差別化されたブランドを展開することで、さまざまなタイプの客層を開拓している。大切なのは、それぞれのブランドが対象とする顧客との関係を明確なマネジメントによって維持管理していくことである。

旧スターウッドのブランド別イメージコンセプト

- ●シェラトン
  warm, comfortable, connections
- ●ウェスティン
  personal, instinctive, renewal
- ●フォーポイント
  honest, uncomplicated, simple
- ●セントレジス
  uncompromising, bespoke, seductive, address
- ●ラグジュアリーコレクション
  exceptional, indigenous, experience
- ●ル・メリディアン
  chic, cultured, discovery
- ●W
  witty, warm, wonderful, worldly, welcoming
- ●アロフト
  sassy, refreshing
- ●エレメント
  smart, renewing, heaven

1994年恵比寿ガーデンプレイス内に開業したウェスティンホテル東京は、旧スターウッドグループのひとつ。

08

日本のホテル史①
迎賓館の時代

幕末の開国が始まり。１９３０年代はわが国最初のホテルブーム

日本のホテルの起源は外国人を迎える迎賓館だった。日本人にとって非日常の場であったホテルは約１００年間の時を経て身近な存在となった。今日さまざまな社会のニーズに応じた多様なシーンを見せている。日本のホテルの歴史を見ていこう。

▼ホテルの誕生とクラシックホテルの時代

日本に初めてホテルができたのは幕末。１８６０年（万延元年）にオランダ人C・J・フフナーゲルが開業した横浜ホテルである。ただし、これは船長だった彼が日本家屋を改造し、レストランや酒場、ビリヤードを置いた程度のもので、66年に焼失。現存する日本最古のホテルは、１８７３年（明治6年）に金谷善一郎が建てた金谷カッテージ・イン（現在の日光金谷ホテル）だ。

明治政府は外国の要人や貿易商を迎え入れるための西洋建築のホテルを建設し始めた。日本人による最初の西洋風ホテルは１８６８年（明治元年）に東京・築地に建てた築地ホテル館といわれる。黒船の来航以来、日本人は西洋文化を懸命に取り入れてきたが、その舞台となったのがホテルだった。

文明開化の時代を迎え、外務省の「首都東京に見るべきホテルがないのは国辱である」との主唱によって宮内庁と財界の有志（渋沢栄一、大倉喜八郎）が協力して帝国ホテルを建てた。１８９０年（明治23年）、本格的な日本のホテルの誕生だった。

帝国ホテルは外国人客の宿泊施設であるとともに社交の場で、レストランや宴会場が充実していた。帝国ホテルは日本のホテルのモデルになった。

当時ホテルを建てたのは政府や財界の有力者ばか

りではなかった。進取の気性を持った民間の日本人が高原や海浜でリゾートホテルを建て始めた。山口仙之助は明治の幕開けにいち早く渡米し、慶應義塾大学を卒業後、福沢諭吉のすすめで箱根の旅館を買い取り、外国人相手のホテルに改造した。１８７８年（明治11年）、富士屋ホテルの誕生である。同ホテル本館の外観は和風建築であるのがユニークだ。外国人にとってそれは異国趣味を堪能するのに恰好の場であったのだ。

１８８９年（明治22年）、海浜リゾートである鎌倉海浜ホテルが開業した。宿泊客は在住外国人で、水着やビーチパラソルといった風俗が知られるようになった。ホテルはまさに「日本の中の外国」だった。

１９３０年（昭和５年）、世界恐慌後の不況を外国人客誘致による外貨獲得で補うべく、国際観光局が設立された。大蔵省は特別低利融資を行い、全国にホテル建設を促した。これがわが国最初のホテルブームである。今日も残っているのは、上高地帝国ホテル、川奈ホテル、雲仙観光ホテルなどで、「クラシックホテル」と呼ばれる。開業当時は多くの外国人客でにぎわった。

ところが、１９３７年（昭和12年）の日華事変以後、時代は戦局を迎え、外国人旅客は減少する。１９４１年（昭和16年）に始まった太平洋戦争で、国内のホテルはほぼ休業状態に入るのである。

富士屋ホテルの建物は国の有形文化財に指定されている。日本の高原リゾートホテルの皮切りであり、現在もなお多くの宿泊客が訪れる。

09

日本のホテル史②

国家的イベントの時代

日本の現代ホテル業は東京オリンピックによって始まった

戦後、いったんＧＨＱに接収された日本のホテルは、徐々に自主的な経営を再開するようになった。日米講和条約により日本が独立し、諸外国との国交が回復すると、国際収支を改善するべく再び観光事業が注目され始めた。この間、旅館業法や国際観光ホテル整備法が制定。航空機の発達により来日する外国人も増えてきた。

▼東京オリンピックとヒルトンホテル開業

昭和30年代に入ると、多くの事業家がホテル事業に関心を持つようになり、帝国ホテルと合わせて「御三家」と呼ばれるホテルオークラやホテルニューオータニが開業した。東京オリンピックの前年の１９６３年（昭和38年）、東急とヒルトンインターナショナル会社の提携による外資系ホテル、東京ヒルトンホテルが開業した。ここで日本のホテル業界人たちは、米国型のホテルマネジメントを学んだといわれる。この時期を一般に「第一次ホテルブーム」と呼ぶ。日本の現代ホテル業は東京オリンピックという国家的イベントを契機に始まったのである。でも、当時はまだ日本人の利用は少なく、欧米からの賓客を対象にしたものだった。

▼プラザホテルの時代

日本のホテルが欧米客優先から国内需要に目覚めるのは、高度経済成長下の１９６０年代後半からだ。そのきっかけが70年の大阪万博、72年の札幌冬季オリンピック、75年の沖縄海洋博などの大型イベントだった。こうした国民的なイベントにより一般の日本人もホテルを利用し始めたため、ホテル開発は全国規模で盛り上がった。

73年のオイルショックで高度経済成長は終焉したが、ホテル各社は円高で遠のく外国人から日本の法人需要へ営業活動を大きく転換させた。団塊世代が適齢期を迎える70年代半ば以降、ホテルでの婚礼が大きな飛躍を遂げ、80年代には一般式場を上回るようになった。この頃から宴会部門が柱となる日本のホテル独特の収益構造が定着した。

当時のシティホテルは、婚礼場以外にもレストランやショッピング、文化・健康・生活に関するあらゆるサービス施設を拡充し、コミュニティ・プラザとして地域交流の場としての役割を果たした。1971年に開業した京王プラザホテルやホテルパシフィック東京は代表例である。

その後、都市開発の目玉施設としてホテル誘致への動きが各地で高まり、電鉄会社や航空会社、不動産会社などがホテルチェーンを展開した。1980年代になると、ホテルは不動産投資の対象とみなされ、さらに多くの企業が税金対策としてホテル事業に参入した。これが今日におけるホテル業界の構造不況の元凶でもある。

90年代初頭のバブル崩壊後、日本的な強みであった法人需要は減少、婚礼も価格競争の時代に入ったからだ。ホテル業界は、90年代以降の長引く不況のなかで新たな収益先やビジネスモデルを模索しなければならなくなった。

ホテルニューオータニは東京オリンピック開催の1964年開業。写真は当時のもの。最上階の回転展望レストランが有名だった。

10

日本のホテル史③ 外資系進出の時代

バブル崩壊から2度にわたる外資系ラッシュは日本のホテル業界を変えた

1985年のプラザ合意以後の急激な円高や地価の高騰、労働集約型産業ゆえに海外、特にアジアの国々と比べ人件費が高コストだったため、外資系ホテルの日本進出は遅れていた。

▼外資系の進出で新たなホテル競争時代へ

だが、90年代に入ると、パークハイアット東京、ウェスティンホテル東京、フォーシーズンズホテル椿山荘 東京などの外資系ホテルが進出してきた。「新御三家」と呼ばれる人気で、「第二次ホテルブーム」と称された。90年代後半、外資系ホテルの台頭は目を見張るばかりだった。

それとは対照的に日本のホテルは倒産・廃業・売却が相次いだ。かつて日本の企業の傘下にあったインターコンチネンタルやウェスティンなどの国際ホテルブランドも海外資本に売却された。

一方手頃な価格帯のビジネスホテルがチェーン化を始め、順調な勢いで業績を伸ばした。東急イン、サンルート、ワシントンホテルなどである。

2000年以降、東京都心の再開発ブームに乗って、再び外資系ホテルの進出ラッシュが始まった。

パークハイアット東京は1994年開業。2000年代以降、数多くの外資系ホテルが東京に進出したが、不動の人気を誇る。

1 最新の話題
2 ホテルの種類
3 ビジネスのしくみ
4 仕事紹介
5 主要各社の紹介
6 21世紀の展望
7 企業データ

これらの多くは海外に多数のチェーンを持つ高級ホテルばかり。「第三次ホテルブーム」と呼ばれた。

それを受け、国内の既存のホテルも新たな高級化路線で迎え撃とうとしている。長期停滞傾向にあった日本のホテル業界も、外からの起爆剤によって変革を迫られることとなった。それは業界の活性化につながるはずだ。

はたして日本に今後、どんな新しいホテルシーンが生まれるのか。新たなホテル競争時代を迎え、目が離せなくなってきた。

日本ホテル史年表

1860年	横浜ホテル開業
1868年	築地ホテル館開業
1870年	オリエンタルホテル（神戸）開業
1873年	金谷カッテージ・イン（現・日光金谷ホテル）開業
1878年	富士屋ホテル開業
1889年	鎌倉海浜ホテル開業
1890年	帝国ホテル開業
1894年	亀谷ホテル（現・軽井沢万平ホテル）開業
1907年	トーアホテル（神戸）開業 大連ヤマトホテル（現・大連賓館）開業
1908年	長春ヤマトホテル（現・春誼賓館）開業 台湾鉄道ホテル開業
1909年	奈良ホテル開業
1910年	奉天ヤマトホテル（現・遼寧賓館）開業
1912年	釜山鉄道ホテル開業
1914年	京城朝鮮ホテル開業
1915年	東京ステーションホテル開業
1923年	帝国ホテル・ライト館完成
1927年	ホテルニューグランド（横浜）開業
1929年	六甲山ホテル開業
1933年	上高地帝国ホテル開業
1935年	雲仙観光ホテル開業
1937年	上海アスターホテル、日本人の経営になる
1945年	敗戦によりGHQにより全国のホテルを接収される
1955年	赤坂プリンスホテル（現・グランドプリンスホテル赤坂）開業 ホテルオークラ開業
1963年	東京ヒルトンホテル開業
1964年	ホテルニューオータニ開業 東京プリンスホテル開業
1969年	ワシントンホテルチェーン開業 その後、ビジネスホテルが多数誕生
1971年	京王プラザホテル開業。 その後、電鉄系、航空会社、 不動産会社などのシティホテルが多数誕生
1992年	フォーシーズンズホテル椿山荘 東京開業
1994年	パークハイアット東京開業 ウェスティンホテル東京開業
2003年	グランドハイアット東京開業
2005年	コンラッド東京開業 マンダリンオリエンタル東京開業
2007年	ザ・リッツ・カールトン東京開業 ザ・ペニンシュラ東京開業
2009年	シャングリ・ラ ホテル東京開業
2014年	アンダーズ東京開業 アマン東京開業
2016年	星のや東京開業
2019年	The Okura Tokyoグランドオープン

- 1859年 江戸幕府が函館、横浜、長崎を開港
- 1878年 鹿鳴館完成
- 1895年 台湾領有
- 1904年 日露戦争勃発
- 1906年 南満州鉄道株式会社設立
- 1912年 ジャパン・ツーリスト・ビューロー創立
- 1930年 国際観光局設立
- 1941年 太平洋戦争勃発
- 1945年 終戦
- 1964年 東京オリンピック開催
- 第一次ホテルブーム
- 第二次ホテルブーム
- 第三次ホテルブーム
- 2020年 東京オリンピック開催

Column 02

「グランドホテル」の誕生からデザインホテルまで

世界のホテルのルーツをたどると、中世ヨーロッパのキリスト教巡礼者への宿食事の提供にさかのぼる。大型高級宿としてのホテルが現れたのは商業旅行が活発化した18世紀頃からだ。

ヨーロッパでは古くから社交界が発達し、随時催されるパーティに出席する貴族階級が集まり、夜を明かす場として巨大な王宮があった。ところが、18世紀半ばの産業革命と植民地開拓の時代を経て、新興富裕層であるブルジョワジーが勢力を伸ばすとともに、社交の場が王宮から豪華な宮殿のようなホテルに移行していった。こうして19世紀に生まれたのが「グランドホテル」である(世界のグランドホテル　http://www.grandhotelsoftheworld.com)。

グランドホテルは文芸作品にも多数登場している。1929年、ヴィッキー・バウムが『グランド・ホテル』という小説を書き上げた。エドマンド・グールディングはこの小説を題材とし、1932年に映画『グランド・ホテル』を製作した。その年、グレタ・ガルボ主演のこの作品はアカデミー賞最優秀作品賞に選ばれた。この作品はDVDでも簡単に見ることができる。ちなみに、日本では牧逸馬が同書を翻訳している。

日本で欧米的なグランドホテルが建設されたのは明治時代以降のこと。先駆けとなったのは、1890年開業の帝国ホテルだ。

戦後、日本でも「グランドホテル」と名乗るホテルが全国主要都市に登場した。だが、これは世界のグランドホテルとは別物であり、名称はイメージの借り物といえるだろう。

20世紀に入ると、アメリカでビジネスマンが気楽に利用できるコマーシャルホテルが登場した。1950年代以降、経営や運営の標準化によるホテルのチェーン化が始まった。皮切りはヒルトンチェーンである。以後、ハイアット、マリオット、シェラトンなど世界的なホテルチェーンが続々誕生する。20世紀後半に芽生えた個性的なホテルづくりの潮流は21世紀の幕開けとともに本格化する。単なる宿泊の場ではなく、ファッショナブルなライフスタイルを提案するデザインホテルの登場である。

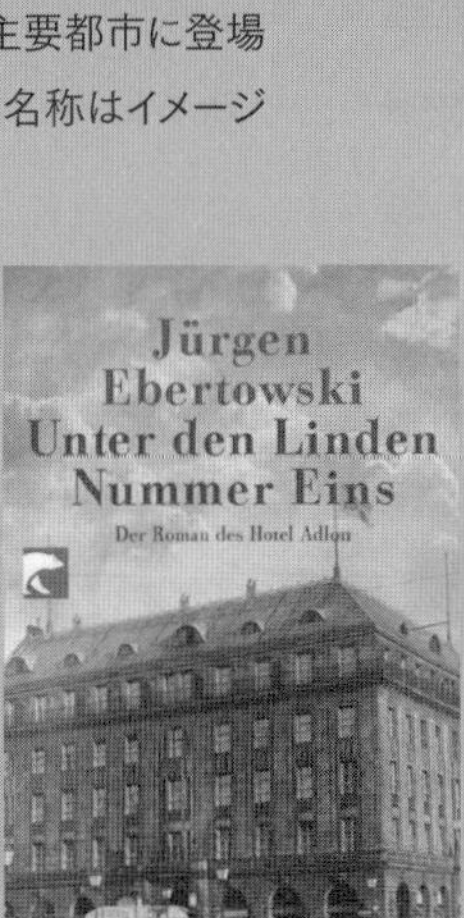

グランドホテルのひとつ、Hotel Adlon(Berlin)

How the Hotel Business Functions

ホテル業界 ビジネスのしくみ

chapter 3

01

ホテルビジネスとは何か

サービス業の最高峰は装置産業。理念としてのホスピタリティ

ホテルビジネスの現場は華やかだ。しかし、ビジネスである以上、欠かせないのが「経営」感覚である。本章では、ホテル業界の経営は他の業界とどこが違うのか。その特性や業態、運営管理における課題を整理しておこう。

▼ホテルビジネスは装置産業である

ホテルの社会的役割は、単なる宿泊施設ではない。多彩な専門サービスを集積した空間であり、サービス業の中の最高峰として、新しい価値を生み出す社会的な使命を持っている。それゆえ、ホテルで働く者には常にそれぞれのジャンルの専門家としての職務を要求される。それを競い合うことで事業が成り立っている。

ホテルビジネスの最大の特徴は、装置産業であることだ。ホテル業界が「人」に支えられていることは事実だが、顧客の側に立てば、まずホテルのハード（施設）に接することでそのグレードや雰囲気、イメージを思い浮かべるものだ。したがって、どんなハードを設計し、どのように運営するかということが経営者にとっての課題となる。そのため、ホテル開業には巨額の投資を必要とするし、開業後も定期的なリニューアル（施設改修）を行わなければならないのである。

今日、ホテルに対する消費者のニーズはますます多様化し、細分化している。うつろいやすい個人客を相手に商売するのは至難の業だ。装置（施設の配置、装備、デザイン、システム）や運営システム、商品企画などを統合したブランドの確立、それに応じた販売戦略などすべてが揃わなければ、最高のサ

ービスは生み出せないのである。

▼産業理念としての「ホスピタリティ」

ホテルビジネスには、こうした装置産業としての不動産業的な側面と、料理や飲み物を生産し、販売するという製造業的な側面、そして接客サービス業的な側面の３つがある。

ホテルビジネスの現場は、そこで働く人のメンタリティに大きく支えられている。「ホスピタリティ」こそ、ホテルマンに最も重要な資質である。

ホスピタリティは一般に「思いやりの心、もてなし」などを意味するが、いわゆる「サービス」とは本来の意味が異なっている。サービスは顧客が主で従業員が従という上下関係を前提として提供されるのが普通だが、ホスピタリティは顧客と従業員が対等で、相互信頼関係の上に成り立つものとされる。相手への思いやりや気づきを含めたコミュニケーション能力のことをいうのである。

ホテル業界が自らの産業理念として「ホスピタリティ」を掲げるようになったのは１９７０年代のアメリカからといわれる。単なる宿泊産業ではなく、ホテル経営に派生するフード・サービス産業やクルーズ、カジノなどを含めた同じ経営手法が要求される領域を総称として「ホスピタリティ産業」と呼ぶようになった。その中核を占めるのが、いうまでもなくホテルなのである。

日米欧のホスピタリティの違い

ホテルマンの旨とする「ホスピタリティ」も、日欧米ではそれぞれに風土や歴史、宗教など文化的な背景の違いがあり、考え方も大きく異なっている。そこには優劣はない。日本のホテル業界は、自らの特徴を価値としてより高めていくべきだろう。

●日本のホスピタリティ

自然に恵まれ平等志向が高い。階級社会を前提とした「クラブ」の存在しない社会。事前期待とは無関係に一方的に尽くし、サービスはタダ（金を取れない）という考え方。茶道の一期一会（一生に一度しか出会いがないものとして悔いのないようにもてなす）に基づくホスピタリティを理想とする。旅館の仲居さん、女将さん的なきめの細かい気配りのあるサービスに定評がある。

●アメリカン・ホスピタリティ

移民による多民族国家、平等主義、プラグマティズム、機能性、合理性の追求。契約概念の浸透。職務、職種を基礎とする組織のチップによる個人ベースのサービスの取引（日本の場合は職場単位の組織、職場の和を大切にするためチップが機能しない）。

●ヨーロピアン・ホスピタリティ

「隣人を自分のように愛しなさい」というキリスト教的隣人愛の思想が背景にある。その一方、階級社会の伝統、主人と召使の関係や排他性を本質とする「クラブ」の伝統もある。サービスを担うのは召使という感覚。

02

ホテルの所有、経営、運営のしくみ

ヒルトンやハイアットはホテルの運営のみを行う会社である

次に、ホテルビジネスの業態について整理しておこう。ホテルはホスピタリティ産業であると同時に不動産業でもあるという異なったビジネスの複合体である。一般にホテルの名称は、運営会社の名前として知られる場合が多いが、実際のホテルビジネスは「所有」「経営」「運営」の三者で成り立っている。「所有」とは土地や建物などの不動産オーナーである。「経営」はオーナーから土地・建物を賃借して経営にあたり、事業全体の損益の帰属する経営会社。「運営」は経営会社と契約して実際のホテルのオペレーションを担当する会社（オペレーター）である。

たとえば、ヒルトンやハイアットといった世界的なホテルチェーンの場合、ホテルの土地や建物を「所有」している会社は別にあり、自らは「運営」のみを行う会社である。都市開発やビル建設には大きな投資が必要なので、ホテルチェーン自体がそれを「所有」することはなく、「運営」に特化しているためだ。それが外資系ホテルのビジネスの一般的な業態である。

▼お飾り的な日本のホテル経営

ところが、これまで日本の場合、ホテルの運営会社が自ら土地・建物を「所有」することが多かった。同一社内に不動産部門とホテル部門が共存し、「経営」は一元化されていた。オーナーが「経営」主体を子会社としてホテルを持っていたり、「運営」主体が「経営」主体に資本参加するのが一般的だった。

帝国ホテルなどホテル専業の「御三家」を除けば、ほとんどの日本のホテルは鉄道や航空会社、ゼネコン、不動産会社などの親会社（所有会社）があり、親会社の経営方針や意向を受けて経営されることが多かったからだ。そのため、ホテル事業独自の収益の確保よりも親会社の事情が優先された。とりわけバブルの時代には、ホテルは土地の含み益による資産保有などに重点が置かれていた面があった。

しかし、これは日本のホテルビジネスの発展にとって大きな弊害だった。なぜなら、ホテル事業の担い手が異業種からの派生事業にすぎないわけで、いずれも本業から見ればバイプレイヤーだったからだ。どこかお飾り的なところがあったのだ。そのため、日本のホテル業界では「経営」や「運営」のプロが長く不在だった。そこに日本のホテル業界の特殊性と問題点があったのである。

ホテルの「所有」「経営」「運営」

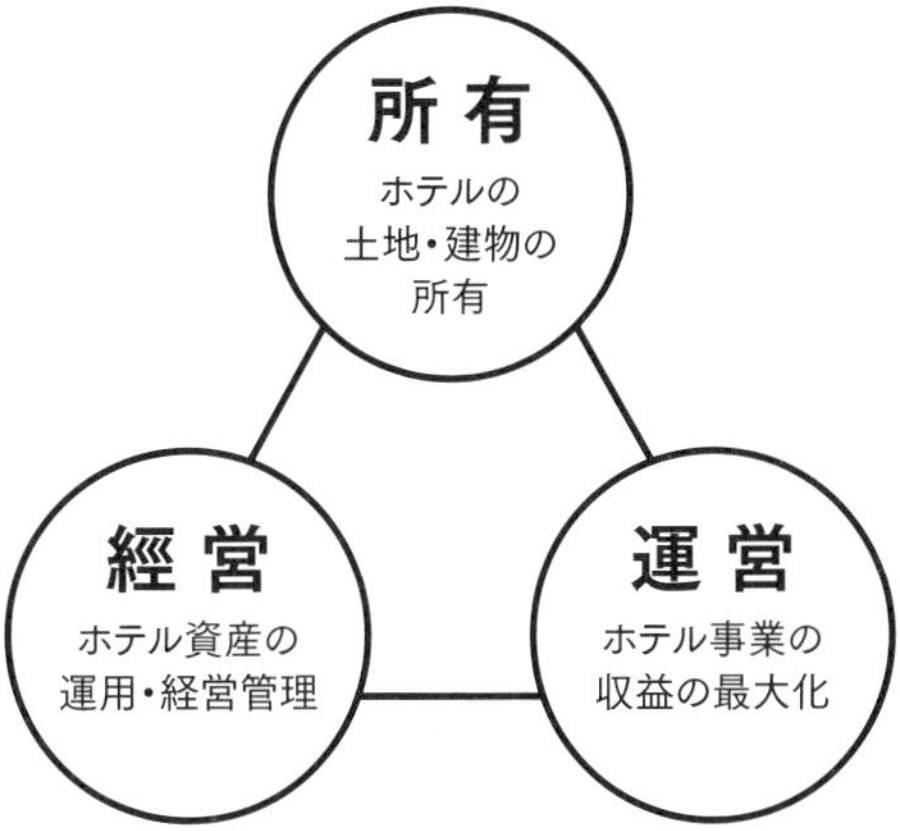

従来の日系ホテル経営システム

従来の日本のホテルでは、総支配人はホテル事業運営の最高責任者であるというよりは、ホテル会社の役員のひとりであると考えられていた。つまり、総支配人の上に親会社の管理担当役員が複数存在し、総支配人が独自の運営のために能力を発揮することが難しかったのだ。と同時に、ホテル運営の責任を強く問われることがなかったのである。

その後、こうした総支配人の権限と責任の軽視、あるいは形骸化は日系ホテルの業績不振の原因として指摘されるようになった。消費者マーケットの変化への対応の遅れや、ホテル資産偏重から過剰投資が行われ、ホテル業界の構造不振を招いたからである。

一方外資系は所有と経営、運営の住み分けが徹底していたため、運営に責任を持つ総支配人はビジネス感覚とホテルビジネスの豊富な経験を持つ人材が担当、プロフェッショナルな経営が可能だった。

今後は日系ホテルも、外資系のようなプロの総支配人に権限を与え、執行責任を負わせるようにすべきだろう。そして資本調達・資産管理を担当する経営と、日常的にホテル業務を執行する運営の間に責任と権限の住み分けを行う経営システムの改善が課題とされている。

03

資本・経営形態によるホテルの分類

ホテル経営には所有・経営・運営の組み合わせによる異なる方式がある

ホテル業界にとって経営母体である資本形態による分類は重要だ。日本では以下のように分類されるのが一般的だ。

▼資本形態による分類

●**専業系**…単独のホテルとして創業。多くは１９６０年代の高度経済成長期にチェーン展開を始める。帝国ホテル、オークラホテルズ＆リゾーツ、ホテルニューオータニ、リーガロイヤルホテルなど。

●**鉄道系**…鉄道会社によるホテル経営。東急ホテルズ、京王プラザホテル、ＪＲホテルグループ、阪急阪神第一ホテルグループなど。

●**航空会社系**…航空会社によるホテル経営。ＩＨＧ・ＡＮＡ・ホテルズ、ＪＡＬホテルズなど。

●**不動産・ディベロッパー系**…地域開発や観光開発に伴い展開した不動産・ディベロッパー企業のホテルチェーン。プリンスホテルズ＆リゾーツ（現西武鉄道）、ロイヤルパークホテルズ＆リゾーツ（三菱地所）、三井ガーデンホテルズ（三井不動産）、ダイワロイヤルホテル（大和ハウス工業）など。

●**その他**…旅行会社系、流通サービス系など。

これまで日本のホテル業界は経営母体の意向で経営が左右されてきた面があったが、今後は専門家による独立した経営スタイルが求められている。

▼経営形態による分類

ホテルの経営形態には、所有・経営・運営の組み合わせにより異なった方式がある。一概にどの方式が優れているというわけではない。

●**所有直営方式**…専業系や鉄道・航空・ゼネコンな

どが自社で土地、建物を所有し、経営やホテル運営も行う。最近では、親会社や親会社が設立した所有会社が自社系列の運営会社に経営や運営を行わせる擬似的なリース方式も増えている。

●リース方式…オペレーターがホテル物件を賃借（リース）し、ホテル運営を行う。

●フランチャイズ（FC）方式…ホテル経営者が国内外の有名ホテルチェーンから経営のノウハウやブランドの使用権をもらい、その対価としてロイヤリティ（契約金）を支払う方式。

●アフェリエイト方式…独立したホテル同士が販促と客室予約業務を共同で行うために提携する方式。予約センターなどのセールス部門を共同で設ける場合が多い。

資本形態による分類

- ●専業系
- ●鉄道系
- ●航空會社系
- ●不動産・ディベロッパー系
- ●商社系
- ●その他（旅行會社系、流通サービス系）

経営形態による分類

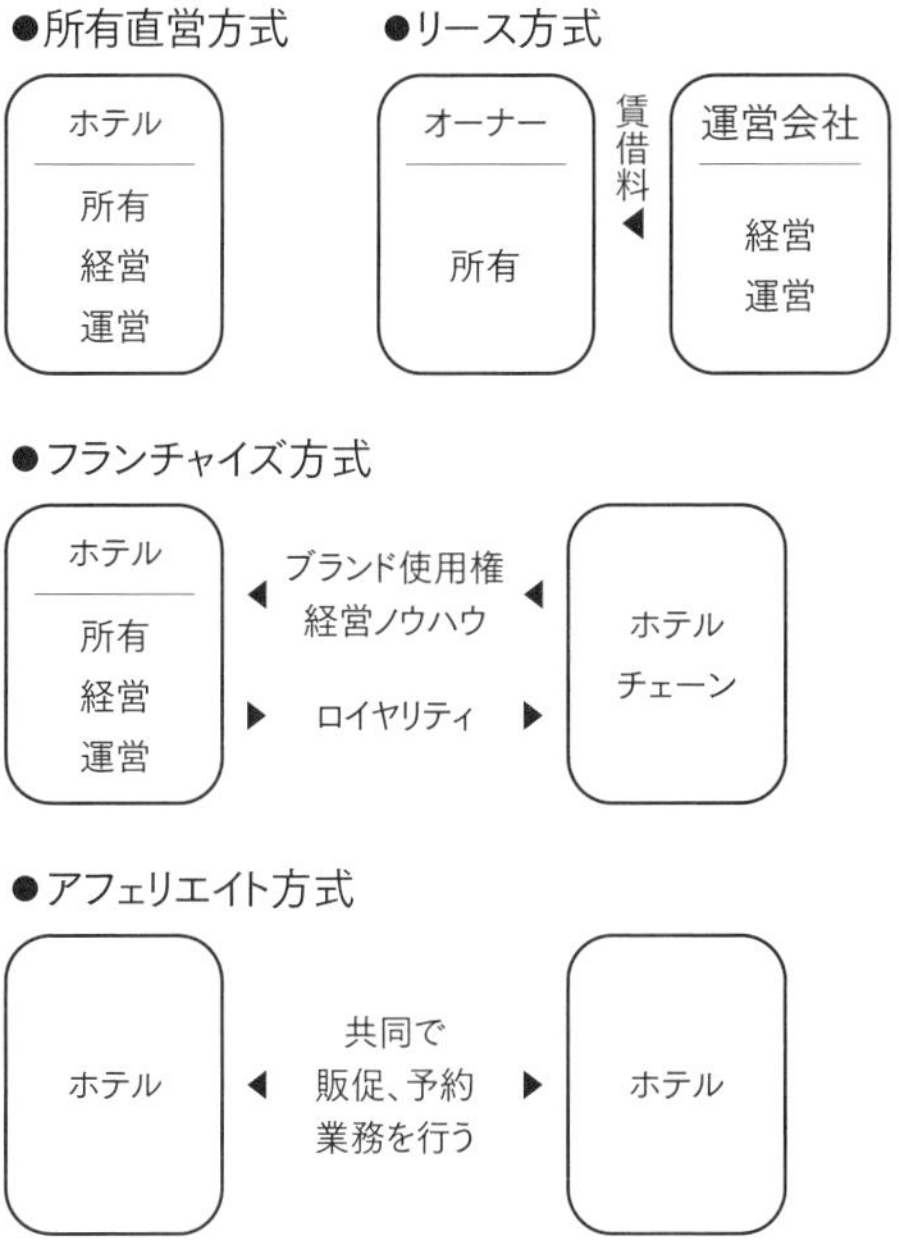

04

マネジメントコントラクト（MC＝管理運営受託方式）

オーナーとオペレーターがWinWin関係を築き上げる経営システム

前項でホテルの経営形態による分類を説明したが、ここ数年、日系ホテルの経営システムの見直しが進み、「所有」と「経営」、「運営」を分離するホテル事業が増えている。

背景には外資系ホテルの進出がある。一般に外資系ホテルとは、「運営」のみに特化した運営会社のことを指すことが多い。つまり、外資系ホテルの場合、一般に呼ばれる名称はあくまで運営会社であって、ホテル事業者とは限らない。もっといえば、事業者であってもホテルの所有者と限らないし、ホテルの所有者でさえ土地の所有者とは限らないのだ。

▼売上に応じた委託料を受け取る

外資系ホテルでは、日本の経営会社から運営を委託され、売上に応じた委託料（マネジメントフィー）を受け取ることが一般的だ。こうした経営システムをマネジメントコントラクト（MC＝管理運営受託方式）という。

その場合、総支配人などの幹部の派遣や、ブランド使用権、運営ノウハウの供与が行われる。運営に関する人事権、予算執行権はオペレーター側に、施設のリニューアルのためのコストなど資産保有に関する諸経費はオーナーの負担となる。

たとえば、パークハイアット東京でいえば、所有会社は東京ガス都市開発、経営会社はパークタワーホテル、運営会社はハイアットインターナショナルコーポレーションである。また、フォーシーズンズホテル椿山荘 東京の場合は、所有と経営は藤田観光だが、運営はフォーシーズンズホテルズ&リゾーツと提携する形になっている。

▼1950年代にアメリカで生まれた

マネジメントコントラクトは1950年代にアメリカで始まった。不動産オーナーとオーナーから委託されて運営を行うオペレーターとの間にWinWin関係の構造が築き上げられることになった。

こうすることで、オーナーにホテル経営のノウハウがなくても、運営力のあるオペレーターに運営委託することで資産運用が可能となった。一方オペレーターも自ら不動産投資のリスクを負うことなく、全世界にチェーン網を広げていくことができるようになった。こうして生まれた経営システムがマネジメントコントラクトなのだ。

日系ホテルの経営システムの見直しの動きは、厳しい競争のなかでリスクを分散させ、ホテル事業の委託による親会社の本業回帰をうながしたといえる。しかし、最近では新規開業の外資ホテルにおいて、必ずしもMCオンリーではなく、アジア系を中心にリース式をとる動きも見られる。

マネジメントコントラクト（管理運営受託方式）

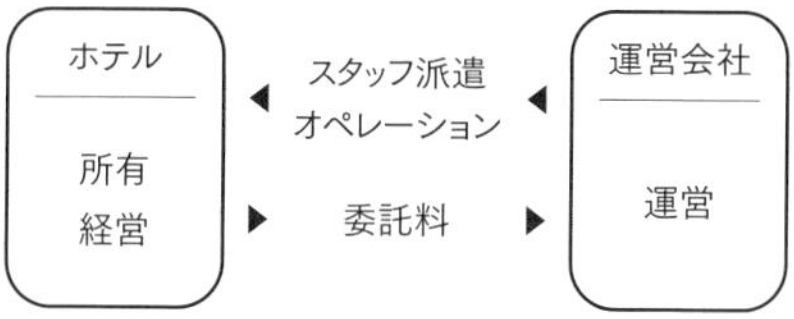

ホテルの所有、経営、運営会社の例

ホテル名	所有	経営	運営
帝国ホテル	㈱帝国ホテル	㈱帝国ホテル	㈱帝国ホテル
ホテルオークラ東京	㈱ホテルオークラ東京	㈱ホテルオークラ東京	㈱ホテルオークラ東京
パークハイアット東京	東京ガス都市開発㈱	パークタワーホテル㈱	ハイアットインターナショナルコーポレーション
フォーシーズンズホテル椿山荘 東京	藤田観光㈱	藤田観光㈱	フォーシーズンズホテルズ&リゾーツ

05

ホテルの収益構造

ホテルには宿泊、レストラン、宴会の3つの収益部門がある

次にホテルの収益構造に関して整理しておこう。

一般にホテルには宿泊部門やレストラン、宴会（一般宴会、ブライダル）部門などの売上がある。ホテルのタイプによって全体の売上比率に占める各部門の構成比は違うが、それぞれの収益構造も異なっている。

▼日本のホテルは料飲部門の売上比率が高い

各部門の収益構造は一般に部門に直接関わる人件費と販売管理費から算出する。宿泊部門の場合、固定人件費を低く設定できるうえ、客室清掃などをアウトソーシングしたり、アメニティの消耗品を売上の増減に合わせて調整できるなど、比較的高い利益率を取ることが可能である。目標としては60％程度といわれる。

レストラン部門の場合は、業態にもよるが、サービス・調理に熟練者を必要とするため人件費が高く、原材料費もメニューの売れ行きによって生じるロスなどから利益率は高くない。20％程度といわれる。

宴会部門の場合は、予約が事前に確定することから原材料を効率よく使用できるためレストランより利益率は高くなる。大きな経費を占めるサービス要員をアルバイトスタッフや派遣社員でまかなえることも大きい。平均50％程度の利益率が確保できる。

日本のホテルでは海外に比べ、レストラン・宴会部門を合わせた料飲部門のホテル全体の売上に占める割合が高いといわれてきた。ホテル建設に関わる土地取得や建設費などの投資コストが海外に比べて比較的高く、前節で述べたように所有や経営、運営が一体化した経営システムだったこともあり、部門

利益率は低くても大きな売上を期待できるレストラン・宴会部門の収益を強化する必要があったためだ。また、日本のホテルが晴れの場としてのコミュニティの役割を担っていたこともあり、かつての高級料亭の代替施設としてのレストランのニーズもあったからである。

▼各収益部門をどう組み合わせるか

こうして日本のホテルは１９７０年代以降、社会のニーズに応じて多機能化が進んできたのだが、90年代初頭のバブル崩壊後、供給過剰や過当競争、利用者離れを生んできた。特に投資額の大きいシティホテルでは、マーケットを無視したやみくもな多機能化は経営にとって命取りとなった。

その反省から近年、個別のマーケットに即した業態の見直しが進展している。高級シティホテルでは、デザイン・サービスともに非日常の場としての水準が高く求められるようになった。一方、中級シティホテルでは、むしろブライダル等の非日常的な部門を廃し、宿泊・料飲ともに日常的な利便性を強化するなど、明確な差別化が必要となった。

なかでも宿泊特化型ホテルのように、ビジネス客の利便性と低価格の追求に特化した新業態が注目される。宿泊特化型ホテルは低価格にもかかわらず、その収益性はおおむね高い。

このように今日のホテルでは宿泊、レストラン、宴会からなる収益３部門の組み合わせによってホテル全体の収益や業態特性が決まってくる。ホテルの収益性を高めるためには、自らのホテルのポジショニングや事業目標に合わせてそれぞれの収益部門を組み合わせていかなければならない。

フォーシーズンズホテル丸の内 東京のエグゼクティブ・ダイニングルーム。パーティやビジネスミーティングにも利用できる。

06

レベニューマネジメントとは何か

ホテルの収益を最大化するため在庫数と料金を最適化する経営手法

ホテルの収益構造を改善するためには、各部門が収益性を高めていくべきではあるが、装置産業であるホテルビジネスにとって宿泊部門の収益性向上はベースといえる。今日では「レベニューマネジメント」と呼ばれる収益管理の手法が採用されている。

▼客室は在庫調整が利かない

レベニューマネジメントとは、ホテルの収益を最大化するために、消費者の動向を予測し、在庫数と料金を最適化する経営手法である。

もともと1970年代のアメリカの航空業界の規制緩和のなかで、各社が座席をいかに効率よく販売するかを追求して生み出されたものだ。限られた供給量を販売する航空座席は在庫調整が利かない。しかも事前予約が前提だ。そのため、顧客を一定のグループに分け、予約のパターンやトレンドを読んで事前に方策を立てる必要がある。

同じことは、今日の客室は今日のうちにしか売れないホテルにもいえる。かつてのホテルビジネスでは、客室稼働率（全客室数のうち、客がどれだけ埋まっているか）が重要視される傾向があった。近年、収益重視の経営が求められるようになっており、客室さえ埋まればいいとはいえなくなってきたのだ。

なぜなら、ホテルでは同じ客室でもレートが異なっているため、安い料金の利用者が増えれば当然収益は下がる。たとえば、販売可能客室数が同じ（100室と設定）ホテルA、B、Cがあったとする。ある日の客室稼働率がA75％、B50％、C100％とすると、稼働率だけ見ていればCホテルがいいことになる。その日に販売した1室あたりの平均客室単価がA7500円、B1万円、C4500円だとすると、平均単価はBがいいといえる。ところが、レベニューマネジメントの手法を採ると、客室単価と稼働率を掛けた数字が評価の対象になる。つまり、客室収入を販売可能総客室数（販売できなかった客室数も含む）で割った数字だが、A5625円、B5000円、C4500円と、Aホテルがレベニューマネジメントの観点からするとトップになるのだ。

▼過去のデータを分析、適切な販売料金を設定

客室稼働率は料金を下げれば上がるため、それだけではホテル経営を判断する指標にはならないのである。客室収入を最大化するためには過去のデータを分析し、その時点で最も適切な販売料金を設定したうえで販売する必要が出てきたのである。これがレベニューマネジメントの考え方である。

そのため、最近のホテル経営では、1室1日あたりの平均客室単価である「ADR（Average Daily Rate）」（客室総売上を販売室数で割った金額）や、1室あたりの平均売上をさす「RevPAR（Revenue Par Room）」（客室総売上を全客室数で割った金額）といった数字を分析することが一般的になってきた。客室さえ埋まればいいという考え方ではなく、客室稼働率と販売価格をトータルに調整し、最大の客室収益を上げることが経営目標となったのである。

レベニューマネジメントの考え方

	A	B	C
販売可能総客室	100	100	100
客室稼働率	75%	50%	100%
1室1日あたりの平均客室単価（ADR＝Average Daily Rate）	7,500円	1万円	4,500円
RevPAR（Revenue Par Room）（客室総売上を全客室数で割った金額）	5,625円	5,000円	4,500円

※客室稼働率や平均客室単価でみれば、CホテルやBホテルが上だが、客室収入の最大化を目指すレベニューマネジメントの観点でみれば、Aホテルがトップの評価になる。

07

レベニューマネジメントの実践

データ分析に基づく価格調整と客室販売コントロール

レベニューマネジメントを実践するためには、何が必要なのか。マーケットの需要と供給を見据えた最適な価格で、その客室を本当に望む顧客に提供するための価格調整と客室販売コントロールである。

▼過去の客層別予約パターンを分析

難しいのは、需要と供給に合わせた適正な価格を予測することである。なぜなら、一般にホテルは需要の高い日は料金を上げ、需要の低い日は下げてなるべく多くの部屋を販売しようとするわけだが、その予測を誤れば、たとえ客室が埋まっても収益性を確保できるとは限らないためだ。

正確な予測値を得るために、過去の客層別予約パターンに関するデータが必要になる。曜日や祝祭日、さまざまなイベントの開催の有無によって変化する客の動きをデータ化して、それを基に需要予測をすることがレベニューマネジメントの基本である。

一般にレベニューマネジメントを採用しているホテルでは、顧客ごとに月、日、曜日の特性、季節、滞在日数、予約されたルームタイプ、レート、リードタイム（チェックインの何日前に予約をしたか）といったデータをセグメントに分けて収集している。今日の時代、マスマーケティングは成立しなくなっている。大まかにいって、ラックレートでほぼ販売できる一般個人顧客、法人顧客ホテル、ディスカウント料金で利用する一般レジャー客など。セグメントごとに利用目的や価値観が異なっているため、販売価格だけでなく、販売量のコントロールも欠かせないのだ。それはマーケティングにも直結する。

なかには「ノーショー」と呼ばれる予約したもの

の実際には宿泊しない客もいる。過去のデータからノーショー客数を想定し、受付可能予約数よりも少し多めに予約を取れば、リスクを削減できる。これを「オーバーブッキング設定」という。

▼料金のバリエーションを複数持つ

こうした経営手法は、インターネットの普及により販売チャネルが多様化し、さまざまな料金体系が並存する状況のなかで、ますます重要になっている。

下図の需要曲線のように、収益を最大化するためには、料金のバリエーションを複数持ちながら、需給状況に対応しつつ、フレキシブルに料金設定を変動させていくことが欠かせないのだ。しかも、それは自らのブランドイメージやポジショニング、他社との競合関係や季節、曜日などによる客の動きを予測しつつ、収益を高めていくことが目的なのである。

需要曲線と収益の最大化

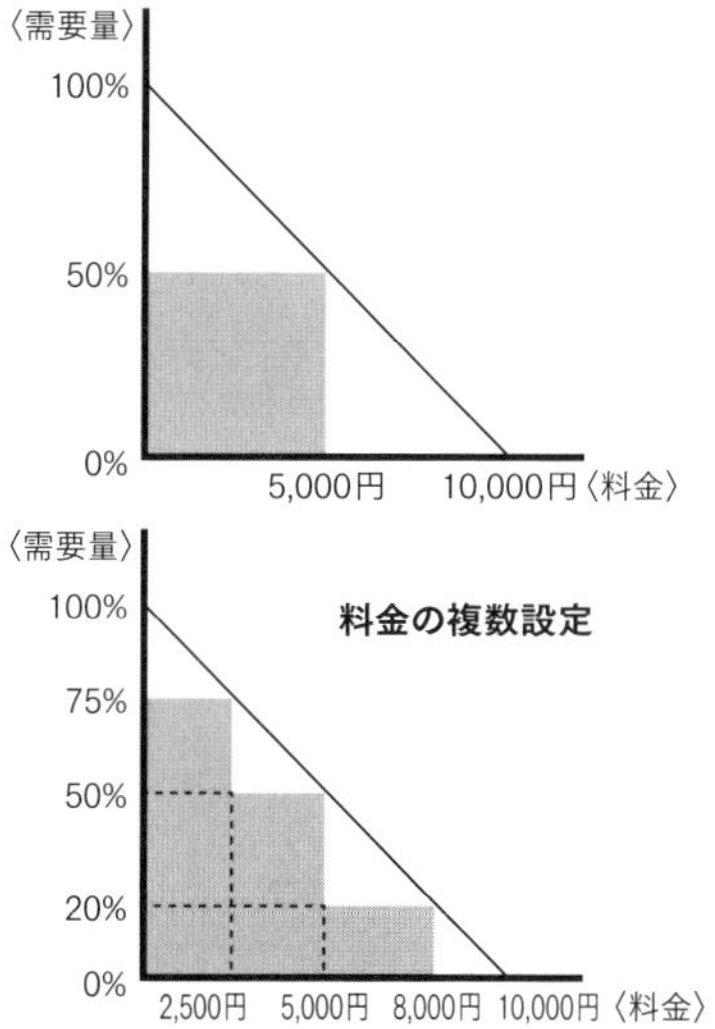

※料金設定を複数持つことで収益の最大化を図れる。

外資によるホテル経営

2000年代以降、日本のホテルや旅館の売買が盛んに行われるようになった。

背景には、1990年代以降の金融機関の不良債権処理に伴い、過剰投資を抱えたホテル・旅館が経営を行き詰まらせ、投資ファンドによる売買が促進されたことがあげられる。

2001年、アメリカの投資ファンドのリップルウッドが宮崎のシーガイアを買収、スターウッドグループのシェラトンへ運営を委託した。03年には同じくアメリカのゴールドマン・サックスがダイエーから現オリエンタルホテル東京ベイなどを買収。こうして外資ファンドが日本のホテルを所有する動きが加速した。

04年にはモルガン・スタンレーがサッポロからウェスティンホテル東京を買収(その後、08年にシンガポールの政府系ファンドが買収した)。同社は全日空ホテルを買収し、運営を全日空とインターコンチネンタルホテルズグループが設立した会社に委託するという仕組みを採用した。

日本航空も全所有ホテルを売却して、以後JALホテルズとして別会社による運営に特化した。

従来の日本のホテル経営の方式は大きく見直されているが、外資の進出による効果が大きいといえる。

08

ブランドの確立はホテルビジネスの最重要事項

常に自らのブランドイメージをマーケットに訴えていくことが必要

現代のホテルビジネスでは、顧客への目に見えるサービスだけではなく、コストマネジメントや客室あたりの収益を最大化するためのイールドマネジメント、マーケティング、ＩＴ化、人材育成など、さまざまな分野でのプロフェッショナルな能力が要求される。こうしたノウハウを持つプロ集団が「運営」に特化することで、有名な外資系ホテルチェーンは世界に広く展開してきたのである。

▼体験しないとわからないホテルのブランド

でも、それだけでは十分ではない。今日のホテルビジネスにおいて重要なのはブランドの確立なのだ。ホテルの競合は激しくなるばかりで、差別化が難しくなっている。新商品を開発したり、設備をリニューアルしてもすぐに模倣されてしまうからだ。

では、ホテルにおける「ブランド」とは何だろうか。一般にブランドイメージとはその企業の「象徴的価値」を意味するが、ファッションやバッグなどのブランドの場合であれば、消費者は購入する前に商品情報を丹念に調べたり、実際に店頭でそれを手にとって吟味できる。だが、ホテルの場合、実際に予約を入れ、利用してみないと自分にとってブランドと呼べるだけの価値があるかどうか検証できない。

いまの時代、インターネット上にホテルのサービス情報や評判はあふれている。だが、それは他人の評価にすぎず、自分にとって本当に好ましいものかどうかは、体験してみなければわからない。客室のインテリアやデザインの趣味から、レストランの給仕、フロントで応対するスタッフの何気ないサービスの質まで、人がいいと感じるものはそれぞれで、相性もある。「みんながいいというから私もこれでいい」ではすまないところがあるのだ。

▼ブランド信奉者（ロイヤルカスタマー）をつくれ

ここにホテルのブランディング戦略の難しさがある。全世界に展開し、多国籍のスタッフが働く外資系ホテルチェーンでは、ホテルの立地はどこであろうと共通のブランドイメージを維持するためにサービスのマニュアル化が徹底している。自らのチェーンがどんなコンセプトでどのような質のサービスを提供するのか、全スタッフがその目指す方向を理解できるように研修が随時行われるのが常だ。それが顧客に対する満足のいくサービスの提供につながり、強固なブランド確立の礎になる。

ブランドを確立し、顧客にいったんブランド信奉者（ロイヤルカスタマー）になってもらえれば、簡単には他に流れないという定説がある。ファッションやバッグのように、その日の気分で取り替えることのできるようなものではないからだろう。彼らにとってホテルのブランドは目に見えない安心感であり、信頼である。しかも自尊心にもつながっている。

加えて、ロイヤルカスタマーは価格で流れない。マーケティングのコストにもつながってくるのだ。激しい競争の中で自社の差別化に貢献し、価格競争に巻き込まれることなく売上に貢献するのである。

そのためにも、ホテルは常に自らのブランドイメージをマーケットに強く訴えていくことが必要になる。一貫性のあるテーマを打ち出すことが大切だ。現場で働くスタッフにとっても、それは目指すべき方向が明確になるため有効だ。

ホテルのロゴはブランドイメージを象徴している。フォーシーズンズホテル丸の内 東京。

09

ホテル業界の市場動向

訪日外国客の増加で客室稼働率が上昇したが、地域によるバラツキも

日本の宿泊市場規模は、１９９０年代初頭のバブル経済崩壊以降、長期的な縮小傾向にあったが、東日本大震災の翌年の２０１２年以降、少しずつ増加に転じ始めている。

▼外国客は５人に１人

観光庁の宿泊旅行統計調査（令和２年２月28日）によると、２０１９年の延べ宿泊者数は前年比１・０％増の５億４３２４万人泊と過去最高となった。そのうち訪日外国人は前年比７・６％増の１億１４３万人泊（全体の約19％を占める）と大幅に拡大。日本人の海外旅行者数が過去最大で初の２０００万人超えし、海外旅行にシフトしたことなどから、０・４％減の４億４１８０万人にとなった。もはや国内の宿泊施設の利用の５人に１人が外国客である。

その結果、客室稼働率は全国平均で62・１％と、過去最高を記録した。だが、宿泊施設タイプ別にみると、シティホテル（79・４％）、ビジネスホテル（75・４％）、リゾートホテル（58・６％）、旅館（39・５％）と明暗が大きく分かれた。

地域別にみると、東京都（79・７％）や大阪府（79・５％）などの大都市圏が高稼働率となり、予約の取りにくい状況となっている。一方、地方ではバラツキが見られ、新潟県や山梨県、長野県、奈良県、和歌山県では稼働率が50％を割っている。

また、シティホテルだけみると、東京都や千葉県、神奈川県、京都府、大阪府、広島県、福岡県、沖縄県では80％を越えており、地方でも都市部を中心に稼働率の上昇が見られた。背景には、訪日外国人の増加の影響がある。外国人延べ宿泊者数だけみると、

山形県や宮城県、静岡県が前年比30％以上の伸びを見せており、京都府や香川県も20％後半の高い伸びをみせている。まだ十分とはいえないが、少しずつ地方都市への外国客の分散が進んでいる。

ただし、２０１５年以降の５年間の延べ宿泊者数の推移をみると、訪日外国人の増加の勢いに比べ伸び率が大きくないことがわかる。背景には、圧倒的に多数を占める近隣アジアの国からの訪日客の滞在日数が短期であることや、民泊市場に流れたことが考えられる。

都道府県別延べ宿泊者数（2019年）

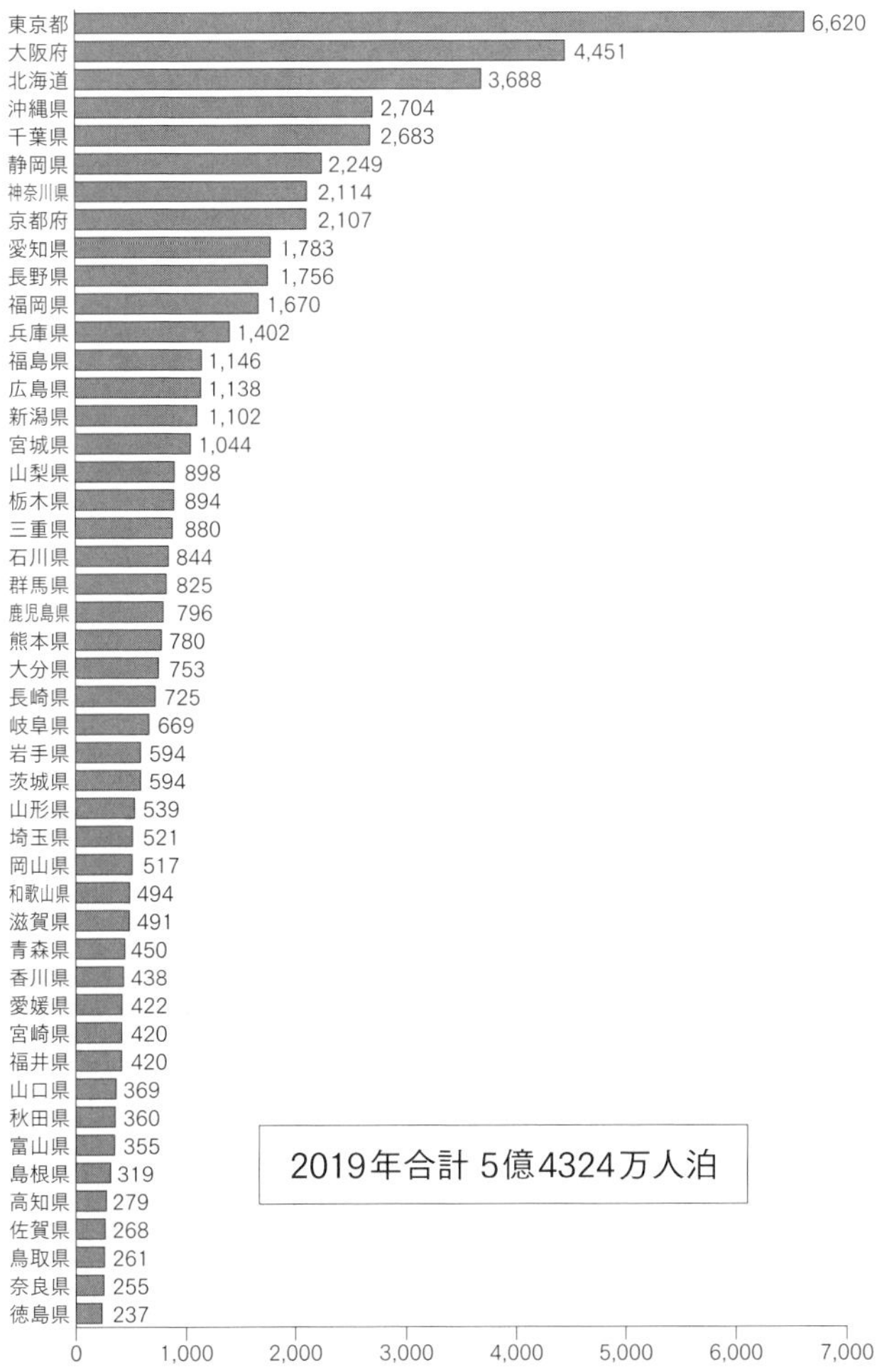

（出典：観光庁「宿泊旅行統計調査」令和2年2月28日）

宿泊施設タイプ別 客室稼働率（2019年）

（％）

	全体	旅館	リゾートホテル	ビジネスホテル	シティホテル	簡易宿所
平成27年 1月〜12月	62.1	39.5	58.6	75.4	79.4	30.1

（出典：観光庁「宿泊旅行統計調査」令和2年2月28日）

10

日本のホテル業界の課題

コロナ禍の前から指摘されていた問題を考える

いま日本のホテル業界は地球規模の新型コロナウイルス感染という非常事態のさなかにある。いつ終わるとも知れないレジャー需要の停滞をどう乗り切るかが喫緊の課題だが、好調に推移した２０１０年代からすでに指摘されていた日本のホテル業界の課題があった。足元を見つめ直し、今後を考えるうえで、検討したい。

▼シェアが増えてきた欧米客

観光庁の宿泊旅行統計調査によると、２０１９年の国籍別延べ宿泊者数は、１位中国、２位台湾、３位韓国、４位香港、５位アメリカ。上位５カ国・地域の順位は変わらないが、伸び率でみると、ラグビーワールドカップ開催の影響でイギリス（前年比48・9％増）が最も高く、次いでベトナム（同29・7％増）、フィリピン（同26・5％増）、カナダ（同25・0％増）、ロシア（24・9％増）だった。全体でみればアジア客が約70％を占めるが、欧米客も少しずつシェアを増やしている。欧米客は近隣アジアの国々の訪日客に比べ、滞在日数が長い傾向にあるため、延べ宿泊者数が多くなるからだ。ベトナムやフィリピンなど、アセアン諸国の主要国であるタイやシンガポール以外の国も増えている。

これまで圧倒的なシェアを占めていた中国や台湾、香港などの漢字圏以外の外国客が増えていることは好ましい傾向といえるだろう。特定の国・地域になるべく偏らないことはインバウンドの健全な発展にとって重要だからである。だが、それは漢字以外の多言語表示も含め、さまざまなインバウンド対応が求められるということでもある。

▼就業者の高齢化と人材不足

観光庁が2019年1月28日にまとめた「観光や宿泊業を取り巻く現状及び課題等について」という資料は、日本のホテル業界が抱える多くの課題を指摘している。それは、他産業と比較して相対的に労働生産性が低いことに加え、就業者の高齢化と人手不足の問題だ。資料によると、宿泊業における就業者は60代以上の高齢者が3割を占めている。今後、この層の退職による大幅な就業者数の減少が見込まれているのだ。

　訪日外国人のみならず、国内旅行者のニーズの多様化など、経営環境が大きく変化するなか、従来の経営から脱却し、変革する必要があるというが、高齢者が多ければ、それはたやすいことではない。この世代の層が若い時代、存在しなかった外国客の受け入れに消極的になるのは、無理もない話だろう。

　コロナ禍による需要停滞は、こうした高齢就業者の退職を促進することが考えられる。旅館業に代表されるような旧来型の宿泊施設の経営者たちの多くはこれを機に廃業を選ぶかもしれない。本来は円滑な世代交代が望ましいところだが、異例の状況のなかで、新しい宿泊スタイルを生み出す若い世代にバトンを渡すことになるだろう。

国籍別外国人延べ宿泊者数内訳（2019年速報値）

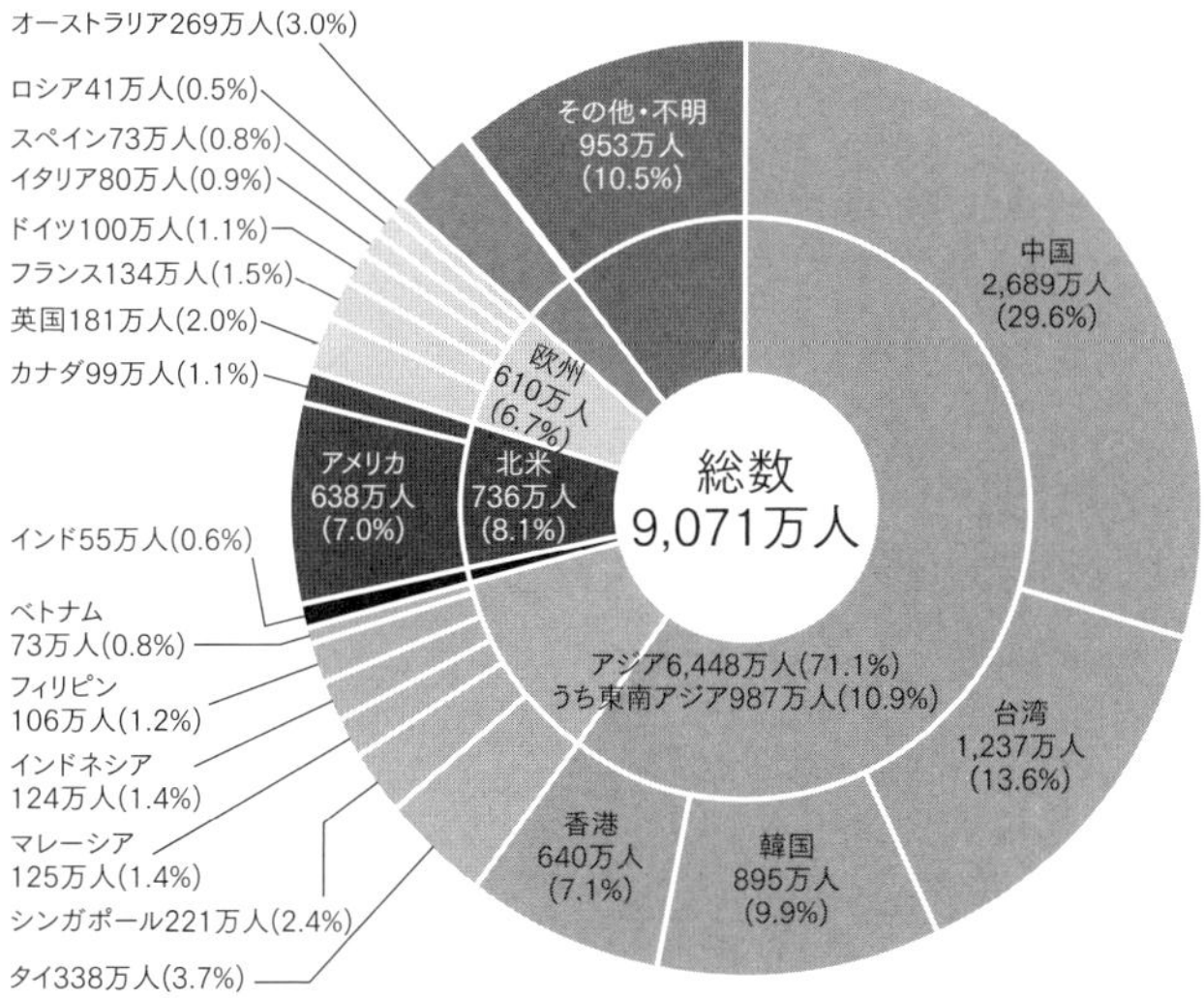

（出典：観光庁「宿泊旅行統計調査」2020年2月28日より）
※国内の宿泊施設を利用する外国客の国籍は実に多様だ。彼らをいかに受け入れるか。業界の課題はそこにある。

11

日本のホテル業界の展望

旅館に泊りたくてもホテルに泊まるというギャップの背景

観光庁が２０１９年1月28日にまとめた「観光や宿泊業を取り巻く現状及び課題等について」（以下、「宿泊業の課題」）という資料の中に興味深い調査データがある。それは「訪日外国人旅行者が希望する宿泊施設及び実際の宿泊施設」というアンケートの回答で「旅館への宿泊ニーズは高いものの、実際の宿泊とのギャップも大きい」というものだ。

▼ニーズに対する整備の遅れ

つまり、多くの外国客は日本文化を体験できる旅館に泊りたいという憧れがありながら、実際にはいくつかの理由で西洋式のホテルを選んでいるのである。「宿泊業の課題」の中の「旅館・ホテルにおけるインバウンド対応状況について」の資料をみると、その理由がわかってくる。

すなわち、Ｗｉ－Ｆｉ環境の整備やホームページの多言語化、クレジットカード対応など、旅館はホテルと比べて整備が遅れているせいだ。小規模な旅館ほどその傾向が強いという。訪日外国人が最も必

訪日外国人旅行者が希望する宿泊施設及び実際の宿泊施設

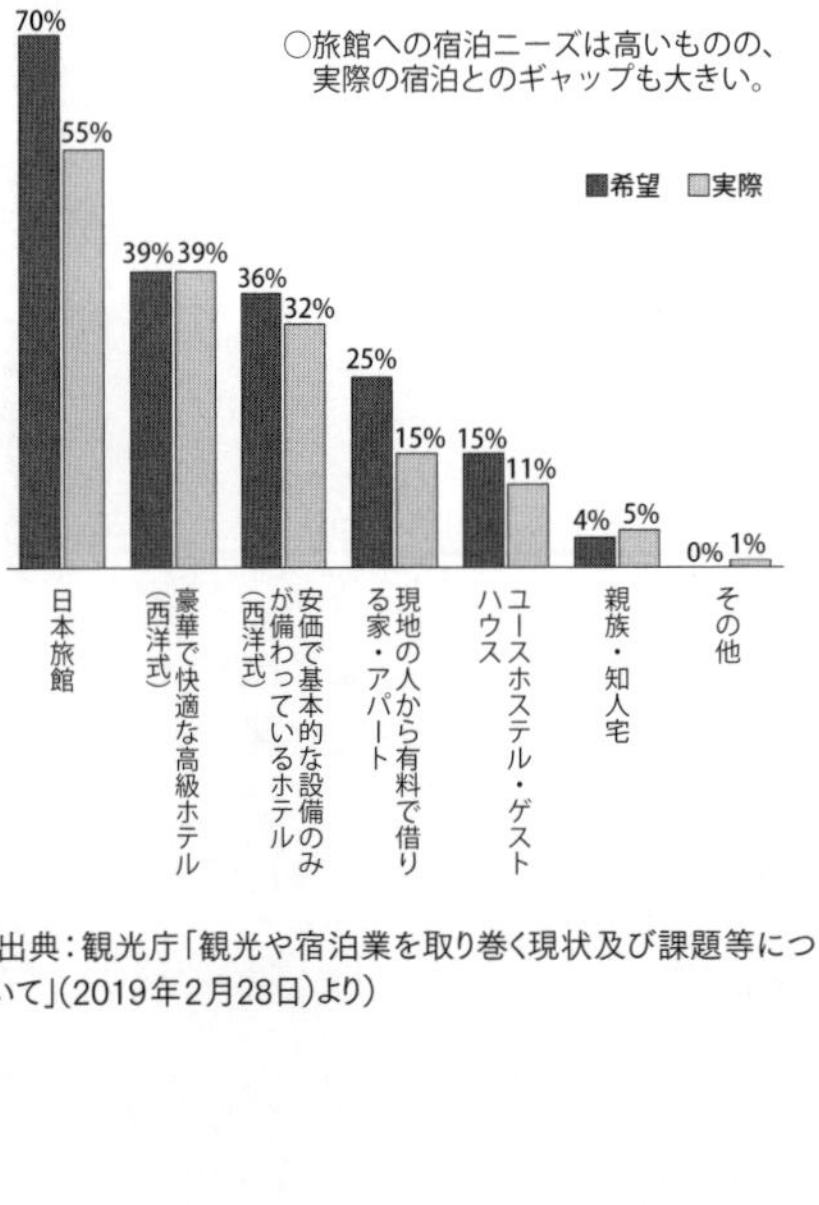

（出典：観光庁「観光や宿泊業を取り巻く現状及び課題等について」（2019年2月28日）より）

要だと思うのは、館内施設案内等の多言語案内表示であるという。

さらに、同資料の「訪日外国人による宿泊施設の手配方法」によると、外国客のホテルの予約方法の比率は、「旅行会社」（4％）、「宿泊施設に直接電話」（4％）であるのに対し、「ブッキングサイト」（53％）、「宿泊施設のホームページ」（30％）と圧倒的にネット利用が占めていることがわかる。この結果は外国客によるアンケートだとはいえ、おそらく国内の日本人でもほぼ同じ結果が出ると思われる。

これらの調査からわかるのは、日本文化を体験できる環境と今日の旅行者が必要とするニーズを兼ね揃えたホテル業のあり方が目指すべき方向ということだろう。

「宿泊業の課題」では、そのためには「日本を支える基幹産業（自動車産業、素材産業等）が行っている生産性向上やマーケティングの工夫等のように、宿泊産業の発展のために、顧客を獲得できる提供サービスの向上が必要」と提言している。さらに、宿泊業の世代交代を進めるために、旅館等の経営承継円滑化のために税負担の軽減や民法の特例などの支援策も求められる。これは民泊にも通じる話だが、日本の宿泊業はこれから新陳代謝の時期を迎えるだろう。

旅館・ホテルにおけるインバウンド対応状況について

○Wi-Fi環境整備、ホームページの多言語化、クレジットカード対応について、旅館はホテルと比較して整備が遅れている。小規模な旅館ほどその傾向が強い（図表1〜4）
○訪日外国人旅行者が最も必要だと思う多言語表示ツールは多言語案内表示（図表5）

Wi-Fi環境整備状況（図表1）

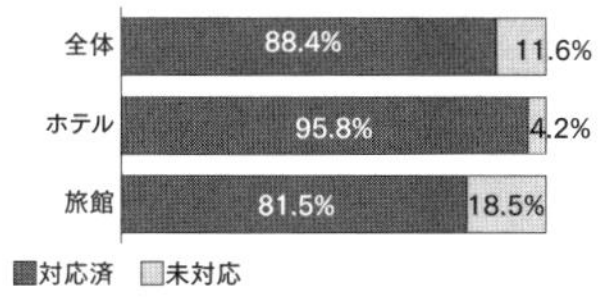

ホームページの多言語化対応1（図表2）

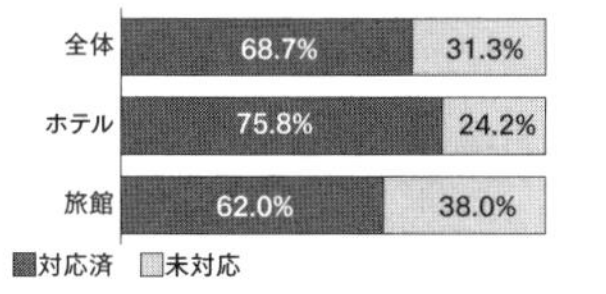

ホームページの多言語化対応2（図表3）

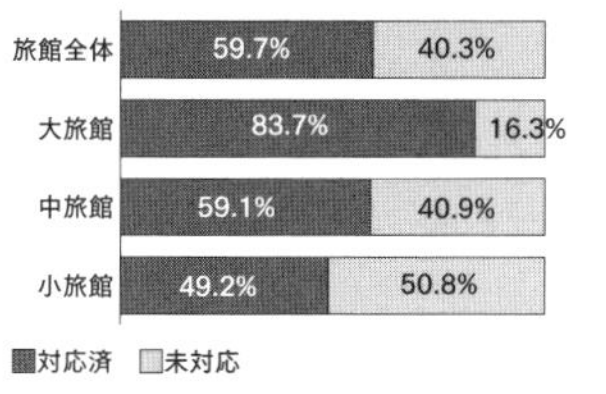

クレジットカード対応状況（図表4）

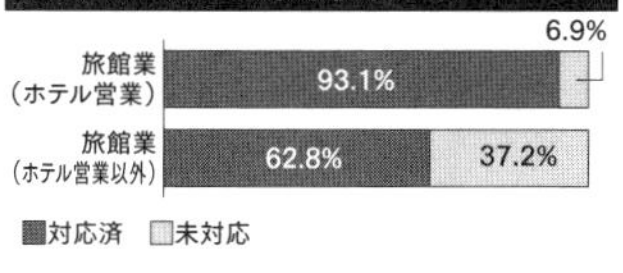

最も必要だと思う多言語ツール（図表5）

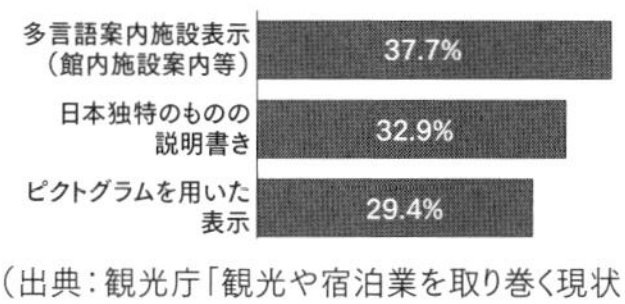

（出典：観光庁「観光や宿泊業を取り巻く現状及び課題等について」（2019年2月28日）より）

日本のホテル業界地図

シティホテル

シティホテル

宿泊、宴会、レストランなど複数の機能を併せ持つ都市型ホテル

プリンスホテル、京王プラザホテル、パレスホテル、ロイヤルパークホテルほか

グランドホテル

全国の主要都市を代表するホテル

「グランドホテル」と名の付くホテル

二極化

エコノミーホテル

ビジネスホテル

シティホテルより安価な出張客向けホテル

サンルート、ワシントンホテル、東急ホテルズほか

「宿泊特化型」ホテル

ビジネスホテルよりさらに安価を目指す。1990年代より登場

アパホテル、ルートインジャパン、スーパーホテル、ドーミーイン、東横インほか

テーマパークホテル

テーマパークに隣接したアミューズメントホテル

東京ディズニーシー・ホテルミラコスタ、ホテル志摩スペイン村、ホテルユニバーサルポートほか

クラシックホテル

明治時代～戦前に創業した名門ホテル

富士屋ホテル、日光金谷ホテル、奈良ホテル、雲仙観光ホテル、ホテルニューグランドほか

外資系ホテル

新御三家

1990年代に進出した外資系ホテル

ホテル椿山荘 東京、ウェスティンホテル東京、パークハイアット東京

「2000年以降」組

2000年以降に進出した新規外資系ホテル

コンラッド東京、グランドハイアット東京、ザ・リッツカールトン東京ほか

エアポートホテル、ステーションホテル

空港や駅のそばにあるトランジット用のホテル

羽田エクセルホテル東急、東京ステーションホテルほか

御三家

日本のホテル業界を代表する老舗高級ホテル

帝国ホテル、ホテルオークラ東京、ホテルニューオータニ

デザイナーズホテル

デザインを重視した新感覚のホテル

ウィズ・ザ・スタイル福岡、ホテルカンラ京都ほか

リゾートホテル

リゾートホテル

ビーチや高原などのリゾート地に立地するホテル

ザ・ブセナテラス、シェラトン・グランデ・オーシャンリゾート、ルネッサンスリゾートオキナワほか

アーバンリゾートホテル

都会の中のオアシスを追求する都市型リゾートホテル

シェラトン・グランデ・トーキョーベイ、ヒルトン東京お台場、ヨコハマグランドインターコンチネンタルホテルほか

Column 03

日本の宿は外国客のニーズとミスマッチ？

「訪日外国人の数は増えているのに、外国人宿泊者数が伸び悩んでいる。なぜ?」

これは数年前からインバウンド関係者の間でささやかれていた話である。

2020年の東京五輪、政府が掲げた訪日外国人客数4000万人の目標もあって、さまざまなタイプの宿泊施設が続々開業された。最近まで老朽化していたビルがビジネスホテルやカプセルホテルに転換するケースもよく目にした。

にもかかわらず、これはどういうことなのだろうか。

考えられるのは、日本の宿と今日の外国客のニーズのミスマッチングが顕在化している、ということだ。その結果、民泊に外国客が流れているのではないかと考えられるのだ。

観光庁は国内の旅館に対して部屋料金と食事料金を別建てとする「泊食分離」の導入を促していく方針を明らかにした。日本の旅館は「1泊2食付き」が主流だが、日本の多彩な食文化を楽しみたい長期滞在の外国客のニーズに合っていないためだ。

似たようなことが、都市部のシティホテルやビジネスホテルについてもいえるのではないか。団体から個人へと移行したアジアからの観光客は、家族連れや小グループで日本を訪れることが多いといわれる。これは欧米客も同じである。たとえば、彼らは夫婦と子供2人でシティホテルに泊まろうとすると、たいてい2室を予約しなければならない。

その点、民泊の場合、部屋がたとえ狭くても、家族一緒に利用すれば、ホテルの客室を複数室利用するのに比べると割安になるだろう。日本では家族水いらずで利用できる宿泊施設は、行楽地に限られることが多い。日本人の場合、家族で連泊するニーズはリゾートホテルや旅館にしかないからだろう。

外国客は行楽地でも都市部でも、家族やグループと一緒に旅をしている。日本の都市部には、リーズナブルな価格帯で家族やグループ旅行の連泊に適した宿泊施設が少ないといえるかもしれない。これが民泊に流れる理由ではないだろうか。

こうした市場の急変が、宿泊施設の経営者にも影響を与えている。民泊は日本の宿泊相場を押し下げる要因となっている。

Jobs in the Hotel Industry

ホテルの仕事

chapter 4

01 ホテルの組織

サービス業の頂点を目指すホテル業界の職種は多彩で専門的

一般にホテルの仕事は、左の組織図のように「宿泊部門」「料飲部門」「宴会部門」「営業部門」「管理部門」などに分かれている。

ホテルの組織やベースとなる仕事の種類は、どんなホテルでもそれほど大きな違いはない。とはいえ、超大型のシティホテルや中規模のビジネスホテル、ビーチリゾートホテルなど、それぞれのホテルの営業方針やメイン顧客のターゲットの違いによって、組織の構成や運営はかなり違ってくる。

▼ホテルの組織の基本形

たとえば、一般のシティホテルは左の組織図が基本形だが、ビジネスホテルなどでは料飲部や宴会部がなかったり、管理部や営業部が統合されていたりと、もっとシンプルな構成であることが多い。また、リゾートホテルの場合は、レストランやバーなどの料飲部のほかに、フィットネスジムやスパ、プールなどのような施設関係のセクションが独立していることもある。

規模にもよるが、世界のチェーン系ホテルの場合、単体のホテルで平均的な従業員数は１００～３００名くらいの少人数の事業体であることが一般的だ。ホテルは中小企業的性格を持つ業態といえる。経営者の目が常に現場に行き届く範囲にあり、経営の意思決定が末端まで届きやすい。したがって、ホテルにおいては総支配人や各部門長がリーダーシップを発揮することが求められている。

ホテルの組織は60種類以上にも及ぶ職種の集まりである。仕事の内容は実に多彩だが、大きくマネジメント系やジェネラリスト系の仕事とスペシャリスト系の仕事とに分かれている。マネジメント系とは営業部や管理部の仕事にあたり、ジェネラリスト系は宿泊部や料飲部、宴会部にあたる。スペシャリスト系はレストランのシェフやスパのセラピストなどその道の専門職を指す。

採用の際にどの道に進むか選択しなければならないこともある。キャリアの積み方も当然それぞれ違ってくる。

海外と日本のホテルの組織を比較した場合、海外は宿泊部門が主体であるのに対し、日本は料飲や宴会部門の比率が高いといわれる。熾烈な顧客獲得競争のなか、今日では海外日本を問わず、営業部門や料飲部門が強化される傾向にある。

ホテルの組織

（大規模ホテルの場合）

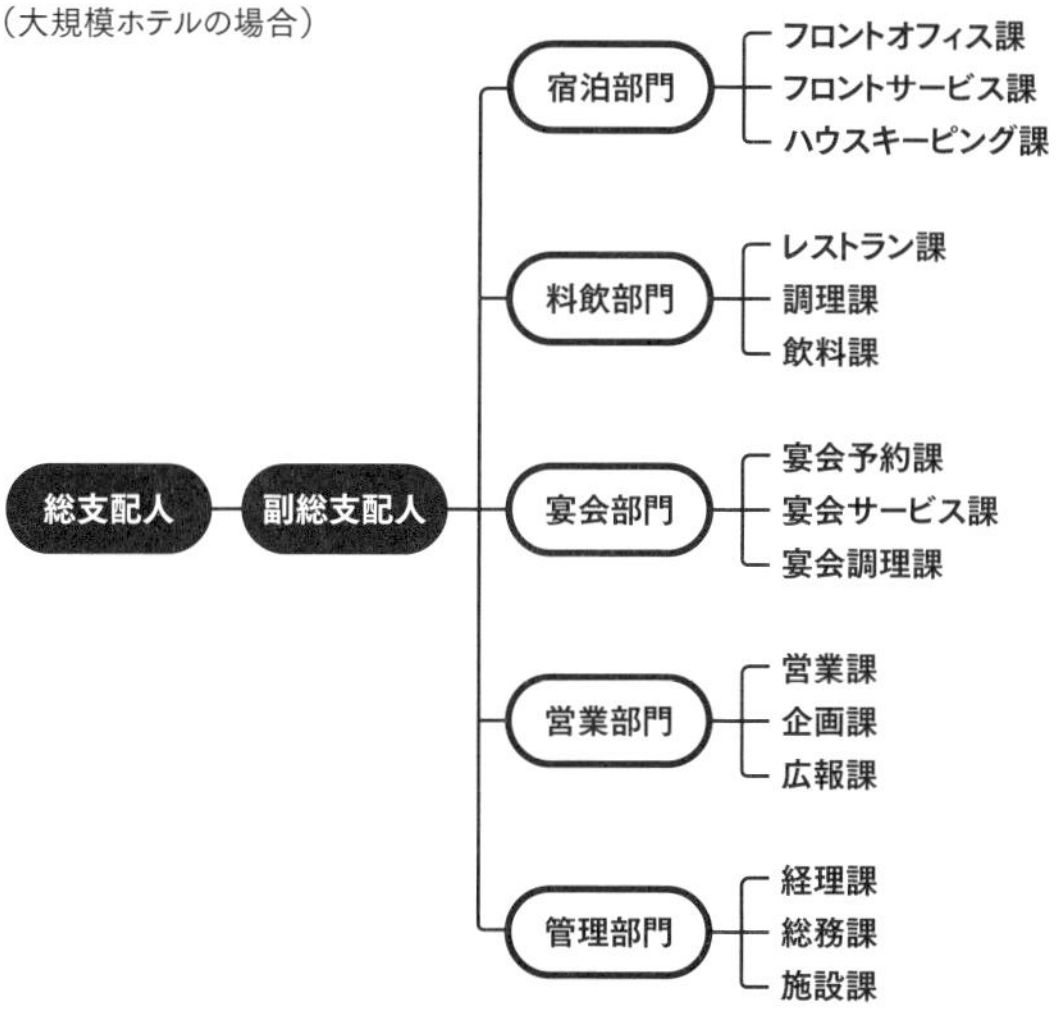

ホテル業務用語集1

●アサイン（assign）
客室の割り当てのこと。ルームアサインともいう。

●インセンティブツアー（incentive tour）
セールス目標達成の褒賞として自社のセールスマンや代理店の社員を旅行に招待するツアー。

●インボイス（invoice）
送り状、仕切り書、請求書など。

●ウォークイン（walk in）
予約なしで直接ホテルに来館する宿泊客。

●オーバーブッキング（overbooking）
保有客室以上の予約を受け付けること。一般にホテルでは、キャンセル客を見込んで客室数を上回る予約を受け入れることがある。

●オン（オフ）シーズン
リゾートホテルでは、季節や曜日により2～4段階の料金設定をしている。一般に年末年始、ゴールデンウィーク、7、8月がオンシーズンで、その他の期間（オフシーズン）より料金が高い。

●客室稼動率
一定期間に販売された客室数を同期間の総客室数で割った数に100を掛けた数値。一般にシティホテルは70%、リゾートホテルで50%が目安。

●コネクティングルーム（connecting room）
隣接する部屋の間にドアがあり、部屋同士で行き来できるタイプの客室。家族やグループ客に対応。ただし、ロックをして一般客が利用する場合もある。

02

宿泊部門の仕事① フロントオフィス

宿泊客の接遇と客室販売を行う

宿泊部門の仕事は、主に客室販売と宿泊客の接遇を担当する。組織としては「フロントオフィス」「フロントサービス」「ハウスキーピング（客室係）」の3つに分かれる。宿泊客に直接関わるスタッフだけに、明るくさわやかな接客マナーは基本である。以下、「フロントオフィス」の仕事を紹介する。

▼フロントクラーク

ホテルの顔ともいうべき「フロントオフィス」の業務を担当するのがフロントクラークだ。大まかにいって業務内容は以下の4つ。

第一にリザベーション（宿泊予約）の受付。利用客が最初にホテルとの接点を持つところだけに、確実な対応が求められる。

第二にレセプション（接遇）。チェックインからチェックアウトまでに発生するさまざまな手続きやサービスを担当する。到着したばかりの宿泊客のチェックインの確認や部屋割り、ベルボーイらに指示を与え、客室への案内など。利用者の第一印象が形づくられるため、迅速かつ丁寧な接客が要求される。

第三にインフォメーション（案内）。利用客の案内に加え、郵便物や国際電話の扱いも業務である。

第四にキャッシャー（会計）。チェックアウト時の精算や外貨の両替や貴重品の預かりも含まれる。

このようにフロントはホテルの生命線ともいえる重要な機能が集中している。いわば、コントロールセンターである。大規模ホテルではリザベーション業務を独立させている場合も多いが、一般のホテルではすべての業務を兼務しなければならないため、多忙を極める。ホテルの全体像が見えるので、必ず経験しなければならないセクションだ。

▼宿泊予約

ホテルビジネスの基本となる宿泊客の予約業務を担当する。毎日おびただしい数の電話やファクス、Eメールが入るが、その場で空室状況や料金を確認し、施設やサービスなどの質問に答えなければならない知的な業務である。

難しいのは予約のコントロールだ。客室数には限りがあるので、オーバーブッキングに気をつけたい。キャンセル分のチェックを忘れずに。

最近ではインターネット予約による間際予約が増えており、料金設定も複雑になっている。自社サイトや宿泊予約サイトの価格設定や販売客室数を臨機応変にコントロールし、客室稼働率を上げながら室料を維持することで収益を上げるための工夫や管理が求められている。

▼オペレーター（電話交換）

インターネットが普及しても、通信手段の基本は電話。そこにテレフォンオペレーターの役割がある。客室料金の問い合わせからレストランのブッフェの営業時間まで、質問の内容もさまざま。宿泊客が国際電話を申し込んだり、モーニングコールを頼んできたり。沈んだ声ではホテルの印象が悪くなるので、常に声の調子を整えておくことが大事だ。

ホテルのチェックインやアウトのとき、宿泊客に対応するのがレセプション。まさにホテルの顔だ。笑顔でお出迎え。

03

宿泊部門の仕事② フロントサービス

明るくさわやかな接客が基本。語学力も必要

▼フロントサービスの仕事

●ドアマン

ホテル正面で制服に身を包んだ凛々しいスタッフこそドアマンだ。宿泊客の送迎や車の誘導、館内外の案内、タクシーの呼び出し、周辺の警備などが仕事。ホテルの常連客の顔や名前、車のナンバーなどはしっかり頭に入れておくことが大切。

ドアマンの鉄則のひとつに「外見で人を判断するな」というものがある。これは接客の基本だが、意外に難しい。海外の伝統あるホテルには、その身のこなしや温かい接客ぶりが宿泊客の第一印象として刻まれるような名物ドアマンが必ずいる。

●ベルボーイ

ドアマンから引き継いだ荷物をフロントまで運び、チェックインを済ませた宿泊客を部屋まで案内するのが主な仕事。ロビーでの荷物預かりやインフォメーションなどにも対応しながら、フロントロビーを仕切る役割だ。ドアマンやフロントとの連携が大切で、いつもフロント周辺で目配りをしていなければならない。新人スタッフのトレーニングに最適なので、新入社員が最初に配属される場合が多い。

●コンシェルジュ

コンシェルジュはフランス語で「門番、管理人」を意味する。フロントの隣にデスクを設け、宿泊客の相談係となるのが仕事。現地の観光案内や劇場の予約、航空券の予約やリコンファーム、ホテルの施設案内なども担当。宿泊客からどんなリクエストや質問があるかわからないので、情報通でなければ務まらない。

そのためにも、普段から情報収集することが大切。特に海外からの宿泊客は地元の人間でも知らないようなマニアックな歴史や文化に対する興味を持っていることもある。単なる観光情報だけではなく、地元の文化に精通しておくことが必要だ。また、自分の詳しくないことでも真剣に情報収集に努める姿は好感を呼ぶはずだ。

●ゲストリレーションズ

ホテルは国際会議や商品発表会などで世界の要人が集まる場所。ゲストリレーションズは、こうした特別な宿泊客（ＶＩＰなど）の接遇を個人的に提供するのが仕事。秘書的な役割を務めることになるため、実務英語と会話は必須条件。

▼ハウスキーピング（客室係）

客室の清掃後の点検や調度品、備品の維持管理が主な仕事。アイロンや加湿器の貸し出しやランドリーサービスなども担当している。

その使命は、客室を元の姿に完全に清掃し維持すること。最近では清掃業務はアウトソーシングするホテルも多いが、アメニティや備品の補充や最終チェックはホテルの担当者が行わなければならない。新入社員が研修で、客室の清掃を担当するホテルもある。限られた時間に手早く客室を片付け、きちんとベッドメーキングできるようになることは、ホテルマンとしての基本中の基本といえる。

ハウスキーピングのスタッフは、宿泊客が外出しているときにマスターキーを使って部屋に入り、ベッドメークや清掃をしなければならないことがある。その場合、宿泊客の持ち物に絶対手を触れてはいけない。ホテルの信用に関わる重要な原則だ。

ホテルのドアマンは玄関の外に立って宿泊客の送迎を行うのが仕事。ホテルによって異なる制服姿がバッチリ決まっている。

04

料飲部門の仕事
調理系とサービス系に分かれる

調理とサービスの高度なスキルを持つスペシャリストは業界の花形

料飲部門は、ホテル内のレストランやカフェなど飲食に関わるセクションだ。業界では「FB（Food & Beverage)」と呼ばれ、スペシャリストの集まりだ。仕事の内容は、大きくサービス（接客）系と調理系に分かれる。以下、主な施設と仕事を紹介する。

▼料飲部門、主な5つの施設

ホテルの料飲部門は主に5つの施設に分かれる。

●メインダイニング

ホテルを代表するレストラン。街場のレストランとは違って格の高さと高級感を誇ってきた。本来はフランス料理が主流だが、近年はリーズナブルなイタリアンや中華料理をメインダイニングと位置付けるホテルも増えている。背景には、社用族の減少がある。個人利用の宿泊客には料金が高すぎるため、街場のレストランに宿泊客を取られてしまったからだ。最近では、手頃な値段のランチやブッフェを始めたり、直営レストランではなくテナント式に切り替えるなどのカジュアル化が進んでいる。

●バー

夕方から営業を始めるホテルに欠かせないスポット。リゾートホテルの場合は昼間から営業することもある。シティホテルでは、バンドの演奏が行われたり、夜景の美しさが売りになっているバーも多い。

●ブッフェレストラン

最近、ホテルに増えている食べ放題のレストラン。セルフサービスなのでサービスが効率化され、調理コストが低く抑えられるメリットがある。

●コーヒーショップ

ホテルの中で最も営業時間の長い飲食施設。朝食からランチ、喫茶、夕食、夜食まで幅広く使われる。メインダイニングはなくても、コーヒーショップを持つホテルは多い。

●ラウンジ

フロントロビーにあるホテルの喫茶コーナー。ゆったりとしたソファやデザインされたテーブルなど、ホテル独自の雰囲気を味わえる。待ち合わせや商談に使われる。

▼調理系の仕事

複数の飲食施設や宴会場を持つ大型ホテルでは、飲食部門の収益に占める割合が大きい。そのため、最大の売り物であるレストランの料理や各種企画を司る調理系スタッフの責任は重い。以下、それぞれの仕事と役割を紹介する。

●総料理長

ホテルの料飲部門は、宴会部門とレストラン部門に分かれるが、総料理長はその2つの部門を合わせた最高責任者。自ら調理に腕をふるうことはめったにないが、監督として部門全体をコントロールするのが役割になる。たとえば、大きな宴会の予約が入ったとき、どんなメニュー構成にするか、食材の吟味から収支の計算まで考え合わせて企画を練るのが仕事になる。さらに、調理スタッフの人事を預かるのも重要な仕事。適材適所のスタッフ配置により、最大限仕事の効率を上げるのが目的だ。調理器具のメンテナンスや衛生管理にも責任がある。パーティなどでメニュー紹介のあいさつを頼まれることもあるように、まさにホテルの顔ともいえる憧れの役職だ。

●シェフ

ホテル内の各レストランの調理を仕切る責任者がシェフだ。シェフの役割は、ランチやディナーコースのアラカルト、季節料理などのメニューを決めること。現場でコックさんを動かしながら自分も腕をふるうプレイングマネージャーだ。

●ソーシエ

フランス料理をはじめ西洋料理ではソースが命。

その専門家がソーシエだ。ホテルのレストランやコーヒーショップなどホテル内のソースづくりをまとめて担当している。

●ブッチャー

ホテルの厨房には、レストランや宴会などで使う食肉いっさいを料理に合わせてカットする専門のセクションがある。それをブッチャーという。ハンバーグやソーセージなどの加工食肉の仕込みも行う。

●ガテマンジャー

こちらは、サラダやパテなどの冷製料理をつくる専門職の呼び名。

●ベーカリー

たいていのホテルでは自家製のパンを焼いている。パンづくりの専門職がベーカリーだ。パンを焼くのは朝と昼の1日2回。早番の場合は前日から泊まり込みで朝食に間に合わせるように焼き上げる。

●ペストリー（パティスリー）

「ペストリー」（フランス語でパティスリー）はデザート専門のセクション。レストランに出す以外にも、館内のケーキショップやデパートの食品売り場に卸す外販分もつくるなど、需要は大きい。

●スチュワード

レストランで使われる食器類や調理器具を洗浄するのがスチュワードの仕事。単なる食器洗いではなく、壊れやすい陶器やガラス食器を丁重かつピカピカに磨き上げるのは特別の技術を要する。宴会時に必要な皿数などを用意しておくのも仕事である。

▼サービス系の仕事

料飲部門はホテル経営のうえでも重要なセクションだ。直接顧客に料理や飲み物を提供するのがメインの仕事だが、営業や広報部門とも協力し、メニュー開発や販促についても重要な役割を担うことになる。以下、それぞれの呼び名と仕事を紹介する。

●グリーター

レストランの入口で客を出迎え、席まで案内し、ウエイターに橋渡しをするのが仕事。席の調整やコントロールも任されている。予約客の管理や対応も仕事。料飲施設の場合、女性が多く、グリートレスとも呼ばれる。

●ウエイター・ウエイトレス

お客から注文を取り、料理や飲み物を滞りなく運ぶのがメインの仕事だが、直接顧客に接するだけに、最善の心配りが要求される。調理法のリクエストやドリンクの好みなども、しっかり確認することが大切だ。

●バーテンダー

格式のあるホテルには必ず格調高いバーがあり、そこには一流のバーテンダーがいるものだ。酒類に関する豊富な知識はもちろん、各種カクテルをつくる腕前には相当の訓練が必要だ。カウンター越しの接客も重要な業務である。最近は女性のバーテンダーも増えている。

●ソムリエ

ソムリエはワインに関するスペシャリスト。料理とお酒を楽しむためのアドバイザーでもある。そこには食前酒から食後酒までのあらゆる飲み物が含まれる。優れたソムリエになるには、才能やセンスが不可欠といわれている。

●オーダーテイカー（ルームサービス）

文字通り注文を受け取るのが仕事だが、ホテルの場合、レストランやカフェの注文ではなく、ルームサービスの注文を受け取る係が一般的。料理や飲み物を載せたワゴンを部屋まで運んで、給仕するのが仕事。ホテルならではの特別なサービスなので、宿泊客の期待値は高い。気持ちよく行えるには経験も必要だ。

レストランでは接客態度によって料理は何倍にもおいしくなるもの。サービスのエッセンスがつめこまれた仕事といえる。

レストランの厨房はいくつかの役割分担で仕事が成り立っている。

05

宴会の種類とマーケットの変遷

ブライダルやパーティ、各種イベント。最近では葬祭ビジネスも注目

日本のホテル業界では、宴会部門は大きな売上を占める重要なセクションだ。レストラン営業はその日にどれだけの集客が見込めるか未知数だが、宴会の場合は事前に予約が入るため、無駄なく効率的に準備ができるぶん利益も上げやすいからだ。多くのホテルが宴会施設を持ち、さまざまなタイプの宴会を取り仕切っている。１９８０年代までは法人利用による豪華な宴会も頻繁にあったが、いまでは個人需要を中心に新しい宴会需要を掘り起こそうとしている。

▼婚礼と一般宴会に分かれる

宴会は大きくブライダル（婚礼宴会）と一般宴会に分かれる。前者はこれまでホテル全体の飲食収入の半分をまかなう大黒柱といえた。ところが、近年婚姻軒数の減少に加え、海外ウエディングやレストラン＆ハウスウエディングなどの婚礼スタイルの多様化が進み、ホテルの婚礼宴会は苦戦している。

こうしたなか、ホテル業界はさまざまな対策を打ち出している。たとえば、結婚を考えているカップルをホテルに呼び、試食会や試着などを体験してもらう「ブライダルフェア」。フェアに参加したカップルには特典を付けるなどして、取り込みを図っている。また、ウィークデーや夕方以降の時間帯を使った「ナイトウエディング」プランなど、新しい婚礼スタイルを提案している。外資系などのラグジュアリーホテルでも、外資系ならではの個性を活かしたプランを打ち出し始めている。

一方、一般宴会は法人、個人に分かれるが、各種パーティ、イベント、商品展示会、講演会、ディナ

ーショー、新年会など、さまざまなタイプがある。そのスタイルも立食パーティから会議室利用、展示会設営といった飲食を伴わないものなどいろいろだ。

各種業界や学会、諸団体の会議にホテルの宴会場が使われるケースは注目されている。国際的なコンベンションの誘致に政府も力を入れており、海外市場に向けた営業活動も始まっている。

近年、高齢化社会の進展のなかで、ホテルの葬祭ビジネスも注目されている。ホテルはこれまで婚礼をはじめとした慶事の宴会をメインとしてきたため、同じ館内で行う法要の形態は限界があるものの、「故人をしのぶ会」といった仏事を伴わない宴会など、新しい取り組みを始めるホテルもある。

ホテルの宴会場には数名で利用する小規模のものから、収容人数1000名を超える大宴会場もある。

ホテル業務用語集❷

●宿泊約款
国際観光ホテル整備法に基づき作成された宿泊契約、利用規則などが書かれた文章。

●スキッパー（skipper）
料金の支払いをせずに逃げ出す不良客のこと。

●デイユース（day use）
客室の昼間利用。

●デポジット（deposit）
チェックイン時に前金を預かること。クレジットカードのインプリントを行うのが一般的。

●ノーショー（no show）
宿泊予約客が当日連絡なしにキャンセルすること。

●ハウスユース（house use）
ホテルスタッフが業務上客室を自社使用すること。

●パーソナルアカウント（personal account）
個人払いのこと。

●バンケット（banquet）
ホテルでのパーティや婚礼、会議、宴会の総称。

●フォーキャスト（forecast）
客室販売予測のこと。客室を無駄なく販売し、稼動率を上げるために宿泊状況を集計し、販売状況をつかむために行う。

●ブリケージ（breakage）
食器類などの破損のこと。

●メザニン（mezzanine）
中2階のこと。床面積の大部分を吹き抜けや屋根空間として使用される場合の床部分を呼ぶことが多い。

●UG（undesirable guest）
ホテルにとって好ましくない客のこと。

06

宴会部門の仕事

宴会の予約・手配とサービス

各社が力を入れているのは婚礼のプランニング

▼宴会部門の仕事

宴会部門の仕事としては、宴会の予約・手配を担当するセクションと実際の会場でサービスを行う部門がある。ブライダル（婚礼宴会）と一般宴会はターゲットが異なるので、別個のセクションとして分類されることが多い。予約が入ると、利用人数や目的に合わせて会場を決め、音響システムやスクリーン、照明などの機器を準備しなければならない。

●宴会予約

宿泊部門の予約担当とは別に、宴会部門にも専属の予約セクションがある。ホテルの総売上のなかで結婚披露宴やセミナーなど宴会が占める比率はきわめて大きいからだ。宴会にはそれぞれ明確な目的があるため、顧客のリクエストを詳しく聞き、それにふさわしい内容を決めていくことが大切だ。コンパニオンや司会者の手配からフラワーコーディネイト、料理の内容など、宴会の主旨にふさわしい内容をプランニングし、そつなく手配するのが仕事である。

●宴会サービス

宴会場でのウエイターサービスのこと。レストランとは違い、限られた時間でお客を誘導し、料理の出し下げをするにはチームワークが欠かせない。宴会予約セクションが作成した指示書に従って、当日会場を設営し、サービスを行う。事前の打ち合わせで進行状況を把握しておくことが大切。実際のサービス要員は外部委託の臨時雇用中心のスタッフが多く、社員はとりまとめをするのが役割になる。

●クローク

ホテルのロビーや宴会フロアには、お客の手荷物やコートを一時預かりする場所がある。それをクロークという。貴重品なども預かるので、番号札の取り違えなどは絶対許されない。

▼ウエディングプランナー

近年の結婚披露宴の多様化、個性化により、ホテルが他社との差別化に最も力を入れているセクションが披露宴をプランニングするブライダル部門だ。新郎新婦とは通常、披露宴の6カ月くらい前から直接会ってリクエストや予算、出席人数に合わせたスタイルや段取りを細かく打ち合わせる。衣装や花、ウエディングケーキなど手配すべきものも多い。人生の晴れの舞台の台本作家であり演出家でもある。詳しくは次ページ参照。

2007年9月にオープンしたホテルニューオータニの「チャペル プリンチパーレ」。イタリアの修道院をモチーフにしたデザインを採用している。

ブライダル市場の現状

ブライダル市場を取り巻く状況は決してバラ色とはいえない。まず、婚礼件数の予測でいえば、少子化に加え非婚、晩婚が増えており、市場は縮小傾向にある。中身も1990年代半ば頃より大きく変化している。いわゆる「ジミ婚」だ。その結果、ホテルや式場などの供給サイドは消費単価の低下、件数の激減が見られた。背景には、人口構造の問題というより、消費者のスタンスの変化と婚礼に対する価値観の変化が大きいと考えられる。

ブライダルのスタイルも以下の方向性が見られる。まず、伝統よりカジュアル化、決まりごとや義理、お仕着せよりオリジナル志向へ、見栄より実質を追求し、出費を抑制する傾向だ。

ディナーショーは儲かる?

ホテルでは年間を通じて数多くのイベントを企画しているが、クリスマスシーズン前後に行われるのが、有名芸能人のディナーショーだ。1960年代半ば頃より一般化した。

ショーの目的は集客による売上にあるが、利益になるというより、ホテルの宣伝という意味合いが大きいようだ。実際、ディナーと芸能人のショーだけで数万円の料金設定だが、ギャランティや飲食代を差し引くとホテルの利益は意外に少ないもの。もっとも、ファンにとっては客席から自分の好きなタレントを間近に見られることが最大の魅力。ホテル側も、今年は誰を呼べるかを競い合うことになる。

07

宴会部門の仕事人インタビュー

婚礼は〝人〟がすべてだ

富士屋ホテル　婚礼宴会課マネージャー　真野浩明さん

富士屋ホテルで婚礼宴会課マネージャーを務める真野浩明さんは、最近自分が担当したウエディングカップルの中で最も印象に残った出来事として、そんな話をしてくれた。

「新婦のお父さんはとても厳格な方でした。式の前に新郎新婦と何度も打ち合わせをしたのですが、毎回必ず後で変更が入ったのも、おふたりにお父さんが厳しく注文をつけたからのようでした。

挙式の最中もニコリともせず、周囲の私たちも非常に緊張していました。そして、披露宴が始まりました。最初のうち、お父さんの様子はまったく変わりませんでした。ところが、ふと気がつくと席を立たれ、いつになっても戻ってこないため、どうしたのかなと思ってスタッフのひとりが心配してトイレをのぞきにいくと、ひとり体を奮わせ泣き崩れていらっしゃったんです。なるほどなあ…。ウエディングの仕事ってこういうことなんだ。改めてそう強く実感したものです。私たちスタッフもその光景に感動し、熱いものがこみ上げました」

彼は声を強めてこう語る。

「婚礼は人生の出発点。我々は決していいかげんな仕事はできない。スタッフとそう誓い合っています。常に原点に戻り、謙虚な気持ちで接し、最高のエンターテインメントを提供しよう」

▼ウエディングプランナーの仕事

人生のいちばん幸せな瞬間に立ち会える婚礼の仕事は、一見華やかで誰もが憧れがちだ。

「でも、それは全体のほんの一部。仕事の9割は裏方なんですよ」

真野さんはそう強調する。ブライダル事業の2つの柱は営業と実務の裏方だ。ウエディングプランナーは前者の営業にあたる。お客様に接客し、いかにおふたりの想いを的確にとらえ、イメージづくりし、企画していくことから始まる。

富士屋ホテルでは、毎月1回ブライダルフェアを行う。実際にホテルでどんなウエディングができるのか模擬体験してもらうためのイベントだ。モデルが挙式を実演。お辞儀の仕方やベールの取り方などを解説する。披露宴では会場をデコレーションしてホテルの料理の試食やシャンパンを味わってもらう。気に入っていただいた方にはドレスの試着もやる。1回のフェアで60～70人参加するという。

「富士屋ホテルは都内のホテルのように1日に何組も入れ替えで式をやっているわけではなく、リゾートで優雅に、アットホームに楽しんでいただくというスタイルです。それを実感していただくためのイベントです」

日々の業務では、電話やメールによる問い合わせに答えることから始まる。なぜ富士屋ホテルに興味を持ったかなどを聞いたうえで資料を送付する。そして、実際に来館し、下見打ち合わせということで館内を案内することになる。電話で伝え切れなかった詳細を説明し、仮予約へと進む。それからが本番だ。

▼打ち合わせは式の半年前から

実際の婚礼に向けた本打ち合わせに入るのは、一般に式の半年前くらいになる。

「他のホテルでは営業は新規の打ち合わせのみを担当し、成約後は現場に任せるところもあるようですが、富士屋ホテルの場合は、プランナーが最初のご説明から当日の演出までフルサポートしてお手伝いします」

それだけに顧客の安心感や信頼感は高まる。ホテルに何回か足を運んでもらい、披露宴の内容やスケジューリングなど細かいことを相談しながら当日を迎えられるからだ。多い場合は5回、6回と話し合うことも。

「こうして最初からお手伝いさせていただくことで、お客様ともしっかり気持ちが通じ合える。我々も感動を分かち合える。だから、またいらっしゃってくださいねと心から思える。それがリゾートホテルである富士屋ホテルのウエディングスタイルです」

▼「ホーム・スイート・ホーム」

近年、婚礼宴会を取り巻く環境の変化が著しい。少子化による婚礼件数の減少はもちろん、海外や邸宅挙式などスタイルが多様化し、一部を除きホテルのブライダル事業は伸び悩んできた。

真野さんがブライダルの担当になったのは２００２年。最初の頃、相談に来る客が口を揃えてこう言った。「富士屋さんは格式があり、歴史がありますよね。私たちには敷居が高くて…」

そのとき、「あれっ、これは何かおかしいんじゃないかな」と思ったという。

富士屋ホテルは今年で創業１３０年。日本で最長の歴史と伝統を持つホテルである。格式が先行してイメージができてしまうのも当然のこと。でも、それではまずい。彼はまず年間婚礼件数のデータを調べた。１９９０年代から年間40~50組でずっと推移していた。堅苦しいイメージを変えていかなければと強く思った。

そのためには、テーマを明確に打ち出さないとお客様もイメージづくりできない。

「なぜお客様が富士屋ホテルを選ぶのか。自然に囲まれたリゾート環境、ロビーを上がると懐かしい木のぬくもり、そして何より人としてのぬくもりではないか。そこで思いついたのが、家に還るという意味も併せ持つ『ホーム・スイート・ホーム』という言葉だったんです」

▼婚礼件数が過去最高を記録

そのテーマを基に広告表現から宣伝の手法、接客姿勢まで、ホテルの全部署スタッフに浸透させ、打ち出していこうと決めたのだ。その結果、翌年からの婚礼件数が倍増した。08年度はついに３００件を超えた。過去最高の記録だった。

「婚礼というのは建物や施設じゃない。いまの時代、どこのホテルも施設はすばらしい。大切なのは〝人〟なんです。なぜなら、我々の仕事は結婚式が終わり

富士屋ホテルではリゾートウエディングが好調だ。歴史と風格を備えた本館ロビーは婚礼の舞台に似つかわしい。

ではないからです。結婚1周年、誕生日、赤ちゃんが生まれたとき。次々に訪れる人生のアニバーサリー。そのたびにいつでも戻ってこられる『ホーム・スイート・ホーム』。ここがあなたのホームホテルになるんですよ、というメッセージが重要なんです」

▼顧客と接する時間が長い

目覚ましい婚礼件数の伸びからホテル業界でその手腕が注目される彼だが、ウエディングプランナーがいちばん気をつけないといけないのは、件数を増やすことではなく、1回の婚礼を大事することだと自戒を込めて言う。なぜなら、ブライダル業務はホテルの中でいちばん顧客と接する時間が長いからだ。

「1回の打ち合わせで約2時間。それを何回もやる。お話をしながらおふたりの悩んでいる姿を見たり、なかには喧嘩を始めるカップルもいる。そんなとき、こうしたほうがいいんじゃないですかと提案してみたり、優しくアドバイスさせていただく。だから、やってあげているんだという気持ちは絶対いけない。人生の中でいちばん幸せな瞬間に立ち合わせてもらっているんだと。よく私はスタッフに言うんです。2時間の披露宴のために数百万円の金を払う。それがどういうことか？　一生涯忘れないような思い出をつくってくださいよ。そうお客様に託されているかと思うと、謙虚な気持ちになれるんです」

▼生まれながらの体育会系

学生時代はバスケットボール部に所属し、運動ばかりの日々だったという。3年生の終わりまで部活が忙しくて就職活動はまったく手がつけられなかったそうだ。

「主将をやっていたせいもあり、最後の大会が終わって、焦りを感じた。どの業界を選べばいいのか考えたのですが、自分の取り柄はデスクワークじゃない。人の幸せに携われることをやりたい。まったく単純ですが、そう考えた。そうしたら、接客業、サービス業しかないと思ったんです」

サービス業の中でも旅行から宿泊、レストランなどすべての総合力がホテル。ホテル業界で働きたいと思い始めたのが、ようやく4年生になる頃だったという。それからというもの、多くのホテルをめぐり歩き、富士屋にたどり着いた。ロビーに入ると、都内のホテルと違い、家族連れが多く、本当にいいホテルだなあと思った。「ここしかない」と直感したそうだ。

▼ウエイターからスタート

入社後、最初の2年間はＯＪＴ（On the Job Training）。ホテルの全部の部署を実際に経験し、いいところや悪いところなどをレポートに書いた。それが終わると配属だ。最初は総務課だった。3年目に自ら志望して1年半ハワイ研修に行った。親会社の国際興業がハワイに所有するスターウッドシェラトンでのスタッフの交換留学プログラムである。申請を出し、ＴＯＥＩＣの試験や面接を受けた。英語はこのとき本格的に勉強した。帰国してからは料飲課。ウエイターからスタート。ワインエキスパートやソムリエの資格も取った。

「お皿洗いから何でもやった。がんばりすぎて倒れて入院したこともあるんです」

笑ってそう話す真野さんだが、その奮闘ぶりは周囲も認めるものだった。

そして宿泊課へ。広報も兼任した。このときの経験が企画を考えたり、いまのブライダルの仕事にもつながったようだ。いま勢いに乗っている彼だが、なぜそこまでがんばれるのだろうか。

「ひと言でいえば、私は性格的に熱い人間だと自分では思う」

子供の頃から常に学級委員、中学高校はバスケ部のキャプテン、大学でも50名の部の主将。体育系でずっと育ってきたから、少々のことではめげない。どの部署に配属されても全力投球できる。部署が変わるたびにＴＯＥＩＣ、ソムリエ、ブライダルコーディネイターと資格も取ってきた努力家なのだ。

「ひとつの部署で全力投球できなければ、次の部署にいってもダメだろうな。そう思うんです。その熱さはスタッフにも伝わると思う」

自分は熱いだけが取り柄、などと語る彼だが、見た目はソフトでさわやかだ。だが、仕事を語り出したとたん、情熱がほとばしり出る。

「自分にとってはいまの仕事は天職だと思う。いろんな部署を体験した。どれも面白かったけど、いまほどやりがいを感じたことはない」

そう素直に語れる真野さんは、今日もホテルマンとして箱根で充実した日々を送っている。

真野浩明
（まの・ひろあき）

1973年東京生まれ。文教大学情報学部広報学科卒。小学生時代は海外、中学高校は埼玉、大学は湘南で過ごす。「婚礼の仕事はやりがいがありますが、現状は顧客獲得や売上に囚われがちなところがあるのも確かです。改めて日本の婚礼は原点に返らなくてはならないと感じています。数ある産業の中でも婚礼業界には〝和の心〟つまり〝人の心〟がなくてはならないというのが私の信念です。日本には〝一期一会〟という素晴しい言葉があります。見よう見真似で欧米化した婚礼販売でなく、日本の結婚式の良さを今後も伝承し、生涯心に残る婚礼を演出していきたいです」

08

管理部門の仕事① 人事・総務、会計業務

経営資源の有効活用を推進

ホテルも一般の企業と同じように人事や総務、経理、施設管理部門がなければ成り立たない。多様な経営資源を有効活用するためにも、現場との連携をはかりつつ、トータルに経営を見つめる視点が不可欠だ。管理部門には大きく人事・総務と会計の業務に分かれる。

▼人事・総務の業務

●支配人・副支配人

総支配人の下で宿泊、料飲、宴会などそれぞれの部門の業務を統括するのが支配人。現場のスタッフすべてが支配人の配下で動くことになる。中規模以下のホテルの場合、総支配人の下に副支配人がひとりで統括する場合もある。

●人事

ホテルの業績は人で決まるといわれる。社内の人事異動から社員研修、福利厚生まで、幅広い業務を担う。特に採用に関しては、新卒から中途まで年間計画を立て、試験等を実施する。職場の秩序を維持するために、労働基準法はもちろんのこと、育児休暇法、セクシャルハラスメント防止対策など、多岐にわたる法令をふまえ就業規則を整備することも大切な業務だ。経営理念と企業戦略に即し、時代の変化にフレキシブルに対応した人事が求められている。

●総務

食材や備品の仕入れからオフィス業務のための器材の発注や管理、ＣＩ（ロゴマークで表す企業イメージ）に関する業務まで、ホテル運営を円滑に進めるためのあらゆる業務を取り扱う部署。警

購買部門のスタッフはレストランをはじめホテルのあらゆるスタッフとの情報交換や意見の調整が欠かせない。

察や消防、保健所との連絡も大切な総務の役割だ。

●購買

総務や経理が行う場合もあるが、ホテルが扱う物品全般、食料品から客室の備品や文房具などの消耗品までを一括して仕入れし調達する仕事を担当している。調度品はホテルのブランドづくりに欠かせないものだけに神経を使う。扱う物品は膨大なため、普段から商品知識を高め、無駄な在庫を減らすためにも、コスト感覚を磨いておく必要がある。

●施設管理

施設管理では、設備管理（エレベーターや空調などの整備）や清掃管理（衛生に関する清掃）、保安管理（ホテル内の防犯、防災の巡回や点検）などの仕事がある。そのため、建築基準法や電気工事士、ボイラー技術士、防災管理者などたくさんの高度で専門的な知識を必要としている。

▼会計業務

●経理

ホテルの経理は、収納担当（宿泊、レストラン、宴会などの売上の集計）やクレジット担当（旅行会社などが発行する宿泊クーポン、クレジットカード払いを集計し回収する）、それらすべての売上と支出を決算し、月次年次報告を作成する経理担当などの業務に分かれている。資金計画を立てて運用したり、納税のために書類作成するなどの業務もある。

09

管理部門の仕事②　総支配人は最高経営責任者

人事管理は変革の時代を迎えている

▼総支配人の仕事

総支配人は英語でゼネラルマネージャー。略してGM、ホテルの最高経営責任者である。ホテル内のすべての部門を取り仕切るのはもちろん、経営理念や営業戦略の方向性を決めるのが重要な仕事。絶対的な権限を持ちながらも、結果が問われる厳しい立場である。

総支配人には4つの役割がある。第一に重要顧客・VIPに直接接遇するとともに、全スタッフに指示・助言を与え、顧客を魅了するエンターテイナーであること。第二にホテルの方向性や具体的施策、目標についてメッセージを送り続けるリーダーであり、トレーナー（教育者）たること。第三にオーナーが最も信頼する経営の代行者であること。第四に地域の顔役としても行政と連携して地域振興に貢献する外交官でもあらねばならない。

ホテルマンの多くはこの最終ポストを目指して精進を積んでいく。「自分の理想のホテル」を実現することは、総支配人でなければできないことだからだ。

一般に外資系ホテルの総支配人は運営に関して全権を握って業務にあたる。日本のホテルでも総支配人の重要性が認識され、プロフェッショナルの育成に取り組み始めている。

▼ホテル人事を取り巻く現状と変革

ホテルの人事管理は変革の時代だといわれる。背景には、ホテル組織の形骸化や肥大化、急増する契約社員とパート、アルバイトによって正社員が減少、年功賃金制度の問題など、ホテルの人事を取り巻く環境が大きく変わってきているからだ。

　こうしたなか、人事管理の現場では以下の問題点が指摘されている。たとえば、採用に関しては、新卒一括採用が中心で柔軟性に欠けること。優秀な契約社員の登用が不十分なこと。人材の配置に関しては、場当たり的で年齢構成の点で部門間に偏りが見られること。給与に関しては、年功賃金が活性化を妨げ、働きに応じた処遇がなされていないこと。役職や職責に給与がリンクしていないため、プロを目指すインセンティブになっていないことなど。

　人事評価に関しては、評価基準が徹底されておらず、評価結果のフィードバックが欠如していること。人材育成に関しては、計画的に行われることが少なく、その内容も充実しているとはいいがたいことなどが指摘される。

　こうした現状を変えていくためにも、解決策として以下のことが考えられる。まず、採用に関しては、中途採用や職種別採用の拡大、契約社員からの正社員登用の基準の明確化などである。給与に関しては、年功賃金を完全撤廃するのは難しいため、要素を残しつつも、職種による個人別業績評価を導入したり、面談を徹底して行うことで評価基準を明確にすること。課長級以上には目標管理制度を導入するなどが考えられる。

　人材に関しては、経営幹部候補の人材を戦略的にローテーションさせながら、スペシャリスト育成のためにコース別管理を行い、教育研修体制を再検討することが必要だ。昇進に関しても、学歴偏重、年功的で昇進基準が不明確な現状から、個人のスキルやパフォーマンスに応じた昇進制度を取り入れることが大切だ。

総支配人の4つの役割

1. **エンターテイナー（接遇者）**
   顧客を魅了する
2. **リーダー、トレーナー**
   部下にはよきリーダー、教育者である
3. **経営の代行者**
   オーナーに信頼される
4. **外交官**
   地域社会に貢献する

10

購買部門の仕事人インタビュー

ホテルのあらゆる物品を購入する

元フォーシーズンズホテル丸の内 東京　購買マネージャー　市橋 純さん

ホテルの仕事には表から見えやすい領域と見えない領域がある。ホテルが扱う食材から調度品、消耗品のすべてを購入し、調達する購買部門は見えない仕事の代表格といえるだろう。そこにはどんな苦労ややりがいがあるのだろうか。かつてフォーシーズンズホテル丸の内 東京で購買マネージャーを務めていた市橋純さんに聞いた。

▼ホテルのイメージに合っているか

「レストランの食材やワイン、客室のタオルやシャンプーといったアメニティ、カーテンやベッドのリネンまであらゆるホテルの物品、調度品を購入するのが購買の仕事です。購入品の選定にあたっては価格もそうですが、ホテルが求めるクオリティやイメージに合っているかの検討が必要です。いくら世間で高い評価があるものでも、それも私共のホテルの客室のインテリアに合うかどうか、お客様が求めているものなのか、スクリーニングをかけなければなりません。フォーシーズンズは世界中にチェーン展開していますが、どの都市でも最高レベルのサービスを目指しています。我々が標榜する価値観はモダンでスタイリッシュなこと。客層は外国人や国内の富裕層の方が多いので、求められる期待度が高い。そういうお客様の目から見て新鮮なもの、見たことがないものを提供しなければならないのです」

世の中の流行やトレンドはもちろん、多岐にわたる商品知識や仕入先の選定、何より品質を見抜く高度な眼力やセンスが必要とされる仕事である。特にフォーシーズンズのような外資系ブランドの場合、宿泊客は世界中の同チェーンを泊まり歩いている。

利用客の目は肥えているから大変である。市橋さんは購買の仕事のスキルをどのように身に付けたのか。

▼学ぶことが好きでないと勤まらない

フォーシーズンズホテルで働く前、市橋さんはホテルオークラ東京で同じ購買部門の仕事をしていた。購買の仕事は自ら志願したものだった。

入社後1年半はベルボーイからレストランまであらゆる現場の仕事を経験した。ベルボーイにはどんな備品が必要か、調理場ではどんな食材を使っているかといった情報を頭に入れることができた。購買部門に移ると、それが活かされたという。

「当時私は和食から洋食、中華まですべてのレストランの冷蔵庫に何が入っていたか知っていました。購買の人間は、自分のホテルのことを誰よりもよく知っておかなければならないんです」

市橋さんの企画したテディベア

フォーシーズンズの購買部門では、年間数千点単位の品を扱うという。しかもハイセンスのこだわりの品ばかり。大事なのはあらゆることに興味を持つことだと市橋さんは言う。

「自分は何かを調べたり学ぶことが好きなので、それをどう仕事に結びつけるか。そうでないと勤まらないのが購買です。新聞に目を通しながら、バターが値上がりしたという記事を見たら、それが購入にどう影響を与えるか考える。商品の回収報道も要チェックです。もしそのメーカーの商品が使われていたら、撤去して他社に切り替えなければなりません」

ホテルにはシェフやセラピストなど多くの専門家がいる。商品の購入は各部署のマネージャーとの相談で決められる。そこでの専門的な話し合いも勉強の場である。常に情報感度を磨き、現場に活かしていくことが求められているのだ。

▼各国との横の連携は購買ならでは

購買部門ならではの仕事を実感するのはこんなときだ。世界約80カ所にチェーン展開する同ホテルでは、各国の購買スタッフと横の連携があるという。

「たとえば、バンコクのフォーシーズンズホテルの日本食レストランでメニューをつくるとき、どういうデザインにすべきか、コメントカードをつくりたい。東京で使っているものを参考にしたいので提供してくれないか。そんなメールが届くことがあります。お互い購買同士、顔を見たことがない相手でも、事情はわかりますから、サポートしあうんです」

その後、出張でシンガポールと香港に行き、各国の購買マネージャーと情報交換することができた。テーマは購買システムや衛生検査の取り組みだった。国により事情は違うが、抱える問題は同じだと思った。

そんな市橋さんが自分の仕事にやりがいや喜びを感じるのはどんなときなのだろうか。

「ホテルで使われている備品や調度品は、本社の意向やＧＭ、現場のマネージャーの意見などを聞きながら決めていくものですが、購買としてそれを調整し、提案もします。それ自体が楽しいですが、そうやって提案したものがマスコミなどで紹介され、人気が出たときなどはさらにうれしいものです」

そう言って彼はフォーシーズンズ丸の内 東京オリジナルのテディベアを見せてくれた。このかわいらしい衣装を着けたぬいぐるみを商品企画したのは、ほかならぬ市橋さんの仕事だったのである。

▼両親がホテルマン。自然な選択だった

市橋さんがホテル業界を目指したいちばんのきっかけは、両親がホテルオークラ東京で働いていたことだった。子供の頃からフロントで働く父親の姿を見ていたという。両親が退職した後も、年に何回か家族で食事に行った。ホテルオークラ東京は彼にとって身近な場所だった。自分の将来としてホテル業界は自然な選択だった。

立教大学社会学部観光学科（当時）に進学すると、宿泊産業論のゼミに所属した。卒論のテーマは「ホテルレストランのテナント運営の可能性」というもの。バブル経済崩壊後の１９９０年代は、日本のホテル業界の大きな転換期だった。自前のレストランからテナントへの移行が始まっていた。アルバイトはホテルでのベルボーイをこなし、休暇はオーストラリアやインド、マレー半島縦断旅行もやった。

将来を見据えての学生生活だった。

　市橋さんはホテル業界を志望した理由を入社当時からこう考えていた。

「自分はサービスの仕事をするためにホテルに入ったのではなく、むしろマネジメントの仕事をしたい。そしてホテルを動かすポジションにつきたい。入社後すぐに購買部門を志願したのも、将来のための仕事経験として幅が拡がると思ったからです」

　その後、２０１３年にアマン東京の開業準備室に移り、購買マネージャーに着任。さらに、ホテルコンサルタントを経て、あるレストランチェーンの購買部門責任者として活躍している。

　学ぶことに貪欲な彼はホテルオークラ東京在職中、社会人として立教大学大学院ビジネスデザイン研究科に通った。研究テーマはホテルのコンピテンシーモデル。ホテルで働く人間にとって求められる能力は何かを考えた。

「今後はホテルマンとしてのキャリアアップももちろんですが、後進にホテルビジネスの現場について伝えることもしていきたいです」

　市橋さんは09年から母校の立教大学で開講している宿泊産業の理論的・実践的な内容からマーケティング戦略などを講じるホスピタリティ・マネジメント講座で講師をしている。担当講義は「ホテルの購買管理とＦＢＣ（料飲管理）」である。ホテルマンとしての魅力的な生き方を一歩一歩実践している彼の話を聞きたければ、同講座を受講するといいだろう。

市橋 純
（いちはし・じゅん）

1998年立教大学社会学部観光学科卒。ホテルオークラ入社後、2004年、立教大学大学院ビジネスデザイン研究科修了。「ホテル業界を志望する皆さんにぜひ考えてほしいのは、いまから10年後、20年後に自分はどのような人になりたいか、ということです。私にはこの世界で働くうえで、目標となるような恩師がいます。仕事の中身を知ることももちろん大切ですが、自分がなりたいような人物を見つけることも大事だと思います」

立教大学観光研究所
ホスピタリティ・
マネジメント講座
http://www.rikkyo.ac.jp/research/laboratory/IT

11

営業部門の仕事① マーケティング、広報・PR

データに基づく商品企画を立案、宣伝、販売

営業部門は宿泊、宴会の販売やマーケティング、広報を担当する。ホテルの外商を一手に引き受け、マーケティングデータに基づく商品企画を立案、宣伝、販売する一連の連携プレイが求められる。

▼マーケティング

近年、シティホテルを中心に宿泊や料飲、宴会以外の新たな集客装置が整備されている。スパ＆エステなど、海外旅行に行くのと同じような感覚でリゾート気分を過ごしてもらおうというのが狙いだ。

季節ごとにさまざまな趣向を凝らし、「春のブライダルフェア」といったイベントや「レディースプラン」のようなパッケージ商品、旬の素材を使った期間限定のブッフェの催しなど、集客のためのあの手この手の企画を考え、仕掛けるのがこのセクションだ。そのためには、宿泊、料飲、宴会部門などホテルのすべてのセクションの業務に通じ、協力を得られなければうまくいくものではない。

こうしたイベントの宣伝広告をつくるのも重要な仕事。単に宣伝文句を並べればいいものではなく、アピールすべきポイントやイメージを明確に打ち出さなければならない。デザイナーやコピーライター、カメラマンといった業界外部のクリエイティブな人たちとの共同作業になる。彼らと対等に渡り合うためには、それ相応の発想力や調整能力は不可欠だ。

自社のマーケティングデータを分析することも重要な仕事である。どんな斬新な企画でも、データに基づかなければ説得力はないからだ。

アイデア勝負の面白い仕事であることは間違いないが、時代のトレンドを読むセンスが要求される。

競合他社の動きを見ながら、自社独自のマーケティング戦略を開発しなければならない。最近は、癒しを求める時代風潮のなかで、「客室の快適化」が直近のテーマだ。「非日常的世界」の演出とともに、いかに快適な睡眠を得られるかが求められている。

▼広報・PR

企画、セールスがお客に直接アピールして仕事を受注し集客につなげたりするのに対し、広報の仕事は主にマスコミに対して宣伝活動を行うことにある。

新企画の発表やリノベーションの告知、経営状況などを随時ニュースレターにまとめてマスコミに流し、記事に取り上げてもらったり、記者会見を開いたりするのが仕事。いかに効果的な情報発信ができるかは、マスコミ各社の担当者との信頼関係をどう築けるかにかかっている。

マスコミから取材依頼がくる場合もあるので、内容に応じて段取りを整えるのも仕事。テレビ番組の取材やドラマの舞台に使いたいというリクエストもあるので、許可を与え、現場を取り仕切ることも。

マスコミに流さなければならない情報は、ホテルにとって都合のいいものとは限らない。こちらに責任のない事件なら、ホテル名が表に出ないよう取りはからったり、落ち度が認められる場合は自社の不祥事を正確に伝え、謝罪する姿勢も必要だ。冷静な対応ぶりが要求される難易度の高い仕事である。

ホテルの広報は自社のブランドづくりや対外評価に関わる重要なセクションだ。マスコミへの臨機応変な対応が求められる。

12

営業部門の仕事②　セールスの中身もいろいろ

団体客をターゲットに営業・販売促進を行う

マーケティング部門の行う企画（プランニング）が不特定多数の個人客を対象とするのに対し、セールス部門は、より大きな団体客をターゲットにして営業・販売促進を行う場合が一般的だ。主にセールスには以下の3つがある。

●宿泊セールス

　客室セールスでは、航空会社や旅行会社を通した団体ツアー客の獲得が基本となる。近年、インターネットの普及により販売チャネルが多様化したため、自社サイト運営や管理なども重要な仕事になっている。ファンやリピーターをつくることは販促に有効なため、メールマガジンの発行なども担当する。

　また、送客が期待できる企業や政府観光局、大使館など外国機関を訪問し営業することもある。語学力を必要とする仕事だ。

●宴会セールス

　宴会セールスでは、会議やセミナー、商品発表会などの誘致、結婚披露宴や政治家のパーティの開催などが対象になる。特に後者では、地元の名士や芸能人の披露宴など、規模の大きな仕事を受注するとお手柄となる。

　通常セールスでは、宴会費用の見積りと宴会場の予約を行い、その後は宴会部門の担当に引き継ぐ。クライアントとの良好な関係が次回の受注に結びつくことから、宴会当日まで相談に乗ったり、場合によっては宴会に立ち会うこともある。

　一般に日本のホテルでは全体の売上の中で客室販売の占める割合は3割程度といわれる。その残りの大半を宴会売上が占めるので、宴会セールスはきわめて重要だ。

●コンベンションセールス

近年国際会議や展示会といったMICEと呼ばれる大型宴会をターゲットとするホテルが増えてきた。MICEとはミーティング(Meeting＝会議)、インセンティブ（Incentive＝招待旅行）、コンベンション（Convention＝大会）、エキシビション(Exhibition＝展覧会）の略であり、宿泊を伴うことが多い。訪日旅行の促進や地域振興をはかるべく、政府や自治体による海外からの誘致も盛んになっており、今後期待される分野である。海外出張などのセールスもあるため、高い語学力が要求される。

▼ホテルビジネスの「本流」

セールスはホテルビジネスを支える柱だから、数ある部門の中でも「本流」と位置付けられる。いわゆる出世コースである。

競合ホテルとの競争入札や企画コンペなど、自社の売りをプレゼンテーションする能力が問われる。ホテル内の現場経験者以外に他業種でのセールス経験者も多く、逆にいえばつぶしも利く仕事だ。

セールスの仕事は受注だけではない。レストランやフロントの担当者との念入りな打ち合わせが待っている。宴会で何か落ち度があったり失敗したら二度と使われることはないのだから、真剣勝負だ。

ホテル業務用語集❸

●宿泊約款
国際観光ホテル整備法に基づき作成された宿泊契約、利用規則などが書かれた文章。

●スキッパー(skipper)
料金の支払いをせずに逃げ出す不良客のこと。

●アシスタント・マネージャー(assistant manager)
フロントのロビーにデスクを置き、宿泊客の要望や苦情に応え、観光案内やレストランの予約なども行うホテルの「何でも屋」。コンシェルジュと類似した職務といえる。

●インスペクション(inspection)
客室の清掃状況を確認すること。ハウスキーパーや客室係の仕事。

●エクステンション(extension)
宿泊客が滞在を延長すること。

●コーポレート・レート(corporate rate)
企業法人が対象の割引料金。

●コンプレイン(complain)
ホテルスタッフや施設等に対する利用客の苦情のこと。適切に処理することでホテルのマイナス評価を解消することが大事。

●コンプリメンタリー(complimentary)
特定の利用者（VIPやホテル関係者、ジャーナリストなど）に対して無料で宿泊等のサービスを提供すること。「コンプ」とも呼ぶ。提供された無料の部屋は「コンプリメンタリールーム」。

●タリフ(tarif)
ホテルの宿泊料金表のこと。

13

予約の仕事人インタビュー

インターネット・セールスはクリックさせるのが仕事

株式会社 ラスイート企画広報営業部　渡邊高志さん

ホテルラ・スイート神戸ハーバーランドは２００８年11月に開業したスモールラグジュアリーホテル。全70室がオーシャンビューで神戸港の景色が一望できる。70カ国以上にある独立系の小規模な高級ホテルで構成されたブランド「ＳＬＨ（スモール・ラグジュアリー・ホテルズ・オブ・ザ・ワールド）に日本初のホテルとして加盟した。

同ホテルのマーケティング部門の責任者として活躍しているのが、渡邊高志さんだ。

▼インターネット・セールスの世界

今日のホテルの宿泊予約の7割はインターネット経由。業界では１９９０年代後半からネット化が進み、いまではモバイル予約の時代だ。どのホテルも自社サイトの構築に注力しているが、自社だけではすべてを取り込めないため、楽天トラベルや一休．ｃｏｍのようなオンライン旅行会社、ＪＴＢのようなリアル旅行会社に販売を頼っているのが現状だ。

一般にネット時代のホテル販売には、レベニュー・マネジメントのスキルが必要とされる。複数の販売チャネルを通じて客室の売値や配分を調整し、いかに収益を最大化するか。これがインターネット・セールスのポイントとなる。

ホテル業界におけるレベニュー・マネジメントの導入は２０００年代から始まった。まず主要なホテルチェーンから拡がり、今日では広く一般化している。ホテル経営を左右する最も重要な仕事のひとつといえる。

「ホテルの客室販売は昔とまったく違う。自前で売値をコントロールしやすくなった。だが、販売チャネルの多様化でレベニュー・マネジメントの手法はより高度化している」と渡邊さんはいう。

もともと米国の航空業界で始まった座席販売の収益最大化を目指す手法だった。日本のホテル業界には同じカテゴリーの客室でもさまざまな付加価値の付く宿泊プランなど、商品が多様化しているぶん、独特の複雑さがある。大都市圏のホテル客室の高稼働率が続く今日、宿泊予約サイトに自社を載せれば予約は入りやすい状況だが、どのタイミングでどのくらいの客室を、どの売値で販売するかによって収益は大きく左右される。単純に予約件数を増やすことだけが収益につながるわけではないのだ。

▼いかに販売制限するか

では、現場ではどうしているのか。渡邊さんによると「レベニュー・マネジメントは単に売値の上げ下げですむ話ではない。むしろ販売を制限する手法にある」という。

蓄積された過去の宿泊データに基づき、正確な需要予測を行いながら、特定の曜日や時節の販売を一部制限することで、収益の最大化を図るのだ。

一般に土曜は需要が高いが、金曜と日曜は少し下がるため、業界では「ショルダー日」という。であれば、土曜の需要を利用して金曜や日曜も埋めたい。そのため、土

ホテルラ・スイート神戸ハーバーランドは「楽天トラベルアワード2015」において、近畿地方における「お客さまの声大賞」を受賞。これは2010年、2012年に続き3度目

曜1泊だけの予約には制限をかけ、金曜か日曜を含めた連泊を優先して取るようにシステムに調整を加えるのだ。

予約サイト上では、土曜1泊では予約が入らないけれど、金曜か日曜との連泊であれば予約が入るようにするのだ。ユーザーには結果しか見えないため、それが可能になる。電話予約ではこうした制限はできないといっていい。

「こうして日々の需要の変化をテトリスのように組み込んで調整していくのが、レベニュー・マネジャーの腕の見せどころ」と渡邊さんは語る。

とはいえ、レベニュー・マネジメントは万能ではない。桜や紅葉といったオンシーズンは、当然予約が多いので、前述の調整で弱い曜日をカバーできる。だが、オフシーズンの場合、これを使って需要を創出できるわけではない。販売制限をかけることと需要を増やすのは別の話なのだ。それ以外の手法との併せ技も必要となる。

▼ベストレート・ギャランティという手法

そのひとつが、ベストレート・ギャランティという手法である。ホテルにとって、コミッションを取られる予約サイト経由の比率を下げ、なるべく自社サイトに呼び込むことが理想的といえる。そのため、ネット上で自社サイトを上位に表示させるためのＳＥＯ（検索エンジン最適化）対策に取り組む企業は多いが、それには相応のコストがかかる。

その点、ベストレート・ギャランティという手法は、コストをかけずに自社だけで採用できる。簡単にいうと、同じ宿泊プランで自社サイトだけ、たとえば１０００円安くするなど、他の販売チャネルとの価格差を打ち出すのだ。そのかわりポイントは入らないなどの条件付きにする。旅行会社に支払うコミッションを考えると、それでもホテル側の収益に対する影響は少ない。

「今日のユーザーの傾向としては、まずメタサーチでエリアと価格帯で候補を選び、そのあと気になるホテルの自社サイトを見にくる。そのとき、自社サイトがいちばん安ければ、そこで予約を入れてくれる」。そのように狙うわけだ。

さらに、自社サイトにしかないオリジナルプランを用意する。スイートルームは自社でしか予約できない条件にする。同じ価格でも、自社サイト予約であれば、ワンドリンク付くなど、インターネット・セールスの現場では、工夫はいろいろできるのだ。

▼日本のホテルの良さを出していきたい

インターネット・セールスに苦労は付き物だ。「インターネット・セールスはクリックさせるのが仕事」だから、何より苦心するのが、宿泊プランのネーミングだという。ユーザーをひきつけるための文言や画像は常に頭を悩ませているという。

ホテルという商品は、消費財のように手に取ることができない。顧客にどうイメージさせるかが大事だ。そのため、同じ内容でもプラン名を変えることもよくあるという。ホテル画像もサイト上でどう並べると効果的かと考え、玄関からチェックインし、ロビーを抜け、客室に向かうというお客様の導線に沿って時系列に並べてみる。背景の色やテキストのフォントも工夫する。こうしたところに、担当者のセンスが問われるのだ。

「でも、これらは所詮、小手先のテクニック。大事なのは、現場のスタッフがいかにお客様を満足させられるかに尽きる。よくいう『おもてなし』とは何か。それはお客様のかゆいところをピンポイントでかけること」だという。

いま関西のホテル業界は好調な訪日外国人市場の恩恵を受けている。「おかげさまで、関西ではホテル予約サイトのランキングで1位となった。これからは世界に日本の宿文化のすばらしさを伝えていきたい」。今後は世界に誇れる日本のホテルのよさを発信していきたいと渡邊さんは考えている。

渡邊高志
（わたなべ・たかし）

1976年大阪生まれ。関西外国語大学英米語科卒。新卒でザ・リッツカールトン大阪入社。最初の仕事はベルマンから。「リッツで良かったのは、開業年の入社だったので、職場にホテル業界のエース級が集まり、学ぶことが多かったこと」。その後、神戸メリケンパークオリエンタルホテルでフロントマネージャーを務め、2008年、ホテルラ・スイートの開業準備室に入り、現在に至る。

ホテル ラスイート神戸ハーバーランド
http://www.l-s.jp/

Column 04

外国客を惹きつけるには遊び心が必要

外国客に人気として知られる新宿グランベルホテル。その特徴は、驚くほど自由な客室デザインだ。同ホテルの設計を担当したUDS株式会社の寶田陵クリエイティブデザインディレクターに狙いを聞いた。

——外国客を惹きつけるデザインホテルとはどういうものか。

「ひとことでいうと、遊び心の要素があることではないか。一般に日本の宿泊特化型ホテルは設備や機能性は優れているが、遊び心が欠けているか、最初から追求していない。一方、我々の考えるデザインホテルは、機能性よりデザイン性を優先する。

私はこの数年間、海外の人気のあるデザインホテルを訪ね、客室を中心にその特徴をスケッチしてきた。それらのホテルは客室の形が三角形だったり、内装のデザインが懲りすぎていたり、使い勝手は必ずしもいいとは限らない。しかし、そうしたルーズさは、日本のビジネスホテルのきちっとした機能性よりも好ましいと評価される。外国客が求めるのは、驚きだ。客室の扉を開けた瞬間、Wao! と声を上げたくなるようなデザイン性に惹きつけられるのだ。

もっとも、我々は日本人なので、機能性も追求したくなるところがあるのも確か。ヒップな外国客が好む客室だけでは、日本人が泊まってくれない。それでは困る。そこは我々日本人デザイナーのバランス感覚と腕の見せどころともいうべきで、意想外なデザイン性を追求しながら、機能性もきちんと織り込んでいく。そういうものをつくってきたいと考えている」。

UDS株式会社は、そのことばを実践するべく、京都に2つのデザインホテル（ホテルアンテルーム京都、ホテルカンラ京都）を設計し、運営も行っている。どちらも遊び心あふれる楽しいホテル。特にホテルアンテルーム京都は、ホテルにおけるイベントの可能性を追求していた。こうした要素は実のところ、外国客だけではなく、日本人客の集客にとっても貢献するはずだ。

ホテルアンテルーム京都のカフェ
http://hotel-anteroom.com/

Profiles of Major Hotels

ホテル主要各社プロフィール

chapter 5

01

専業系①

帝国ホテル

開業１２５周年。日本のホテル史を切り開いたトップランナー

２０１５年に開業１２５周年を迎えた帝国ホテルは、日本のホテル史を切り開いてきたトップランナーである。05年11月15日、清子内親王殿下の結婚式が行われたが、天皇皇后両陛下をはじめとする皇族が初めて民間のホテルで一堂に会する華やかな祝宴となったことは記憶に新しい。

▼総額１７０億円規模の改装に着手

開業は１８９０年。鹿鳴館華やかなりし頃、「帝都東京にふさわしい本格的なホテルをつくらなければならない」との明治政府の肝いりで誕生した国策事業だった。以後、日本を代表するホテルとして君臨してきた。有名なのは１９６７年まで使われた通称「ライト館」である（現在、ライト館の玄関部分は愛知県にある博物館明治村に移築された）。当時シカゴで活躍していたアメリカ人建築家フランク・ロイド・ライトが設計を担当。同館が完成し披露パーティを予定していたその日（１９２３年9月1日）に関東大震災が起きた。その激震にも耐えたことで、大いに評判を呼んだ。

戦後も日本の迎賓館としてホテル界の王道を歩いてきたが、近年の景気低迷により、いつまでも伝統や格式に頼ってばかりもいられなくなった。外資系高級ホテルの相次ぐ進出のなかで、２００３年より本館の大規模改修に着手。５年間に投じた総額は１７０億円と過去最大の規模だった。本館14〜16階に特別フロア「インペリアルフロア」を整備、旧ライト館をイメージした「フランク・ロイド・ライトスイート」を新設、その独特の造形美が注目されている。メインダイニングのフランス料理レストラン

1 最新の話題
2 ホテルの種類
3 ビジネスのしくみ
4 仕事紹介
5 主要各社の紹介
6 21世紀の展望
7 企業データ

「レセゾン」もリニューアルした。

▼バイキングの生みの親

「伝統と格式」が帝国ホテルを支える基盤であるが、時代の変化に即応した取り組みは常に早かった。1958年に日本で初めて「バイキング」という食のスタイルを生み出したのも同ホテルである。今も「インペリアルバイキング サール」というレストランがある。「レディースフライデー」という女性向け宿泊プランを始めたのもそうだ。今日のホテルのさまざまな定番サービスは帝国ホテルが生み出したのである。

帝国ホテルの強みは、固定客の多さといえる。会員組織「インペリアルクラブ」の会員数は約10万人。利用頻度は高く、客室の15～20％を支えている。

従業員教育にも定評がある。超一流のゲストが利用する欧米のホテルに留学させて、サービスを肌で学ばせる「海外留学制度」は、欧米人の利用が4割という同ホテルの経営戦略上欠かせないものだ。職能資格制度を導入し、年功序列型賃金から能力に応じた賃金や昇給に変えるなど、人事制度の見直しにもいち早く取り組んだ結果、多くのホテルが赤字経営を続けるなか、確実に利益を出している。

ただし、海外進出はあまり得意ではないようだ。92年に開業したホテルインペリアルバリ（インドネシア）は撤退。同ホテルは東京のほかは大阪、上高地にある。

日本を代表する帝国ホテルは2008年3月に改装を終えたばかり。新設された「フランク・ロイド・ライト・スイート」は、旧ライト館に施されたマヤ調の独特の意匠を内装や調度品に忠実に再現している。

02

専業系②

オークラホテルズ&リゾーツ

流行を追わない重厚な「和モダン」が海外でも定評

旗艦館のホテルオークラ東京はアメリカ大使館に隣接する赤坂の一等地にあり、古き日本をイメージさせる伝統を取り入れた和洋折衷の上品な建築・インテリアとなっている。内装や調度品の一つひとつが日本の伝統的な文様を巧みにあしらい、和の風格を漂わせている。なかでも国宝「三十六人歌集」という平安時代を描いた大壁画が施された「平安の間」は評価が高く、国際規模の会議に利用されてきた。

帝国、ホテルニューオータニと並ぶ「御三家」のひとつだが、流行モノではない重厚な「和モダン」のセンスが海外では評価が高く、外国人ビジネスマンの宿泊比率は50%以上と強い。

▼海外のビジネスマンのニーズに対応

２０１２年開業50周年を迎えた。創業者は、戦後の財閥解体で帝国ホテルの経営を追われた大倉喜八郎。１９６２年、東京オリンピック開催に向けて開業した。「欧米の模倣ではなく、日本の特色を強く打ち出した、世界に通用するホテル」を目標に掲げ、とりわけ海外のビジネスマンのニーズに応えた施設を先駆けて取り入れてきた。たとえば、日本初の「ビジネス・サロン（エグゼクティブラウンジ）」ができたのは78年。ヘルスクラブ（フィットネスクラブ）の導入も73年。全室にファクスが完備したのも早く、「他社よりも常に一歩前進」が経営方針だった。世界の多くのＶＩＰを引きつけてきたのは、日本の美学へのこだわりと同時に進取の精神に基づく卓越したビジネス感覚だった。

現在はアムステルダムやハワイ、上海、マカオ、台北、バンコク、マニラ（２０２３年開業予定）などに海外チェーン網を広げ、アジア主要都市への展開を計画中だ。国内では、オークラホテルズ&リゾーツのほか、ニッコー・ホテルズ・インターナショナル、ホテルＪＡＬシティのブランドを展開している。

▼関連企業の展開も意欲的

巨大なグループを統括するため、２００１年ホテルオークラは株式会社ホテルオークラと株式会社ホテルオークラ東京に分割した。前者はグループ全体の戦略を立案する持ち株会社で、後者が旗艦となるホテルオークラ東京の運営会社だ。関連事業も幅広い。レストラン経営やオリジナル商品の販売を手がける株式会社ホテルオークラエンタープライズや、日本のホテル業界では珍しくホテルビジネスの枠を超えた新事業を開拓する株式会社ホテルオークラスペースソリューションズなど。

06年、アジアンスパの草分けであるバンヤンツリーホテルズ&リゾーツと提携し、スパ技術の導入と両グループの海外ホテルの予約サービスの協力を進めている。10年にはＪＡＬホテルズを買収し、運営会社オークラ ニッコー ホテルマネジメントとして統合した。

15年、ホテルオークラ東京は本館を改修するため、営業を一時休業したが、19年9月12日「Ｔｈｅ Ｏｋｕｒａ Ｔｏｋｙｏ」として生まれ変わった。改修後は13階建てのホテル棟のほか、オフィス機能を備えた地上38階、地下6階のタワービルの2棟が建設された。

本館の改修工事に対して多くのファンから悲しむ声があり、「なんとかこの歴史的建築を残せないものか」と反対署名運動も展開され話題になり、海外メディアも取り上げた。

03

専業系③

ホテルニューオータニ

東京サミットの主会場として世界のＶＩＰを迎え入れてきた

ホテルニューオータニもオークラと同じく東京オリンピック開幕に向けて、わが国初の大型国際ホテルとして１９６４年に開業。創業者は実業家の大谷米太郎。国際観光の時代を先駆け、ホテル開業の前年に株式会社大谷国際観光を設立した。

▼フランス料理の殿堂「トゥールダルジャン」

「御三家」のひとつとして、79年、86年、93年とこれまで3回、東京サミットの主会場として選ばれるなど、世界のＶＩＰを迎え入れてきた。迎賓館を間近に控えた絶好のロケーションで、都心の喧騒をよそに広大な日本庭園の静けさがくつろぎの空間をつくり出している。現在、東京、大阪、幕張に３つの直営ホテルと子会社4、国内9、海外には２（ホノルル、北京）のグループホテルがある。

旗艦のホテルニューオータニ東京は、74年にタワー、91年にガーデンコート、２００４年に邸宅風パーティスペース「パラッツォ・オータニ」などをオープンしてきた。「ザ・メイン」の回転展望レストランは、森村誠一の小説で映画化もされた『人間の証明』の舞台となったことでも知られる。イギリスのスパイ映画『００７は二度死ぬ』（１９６７年）では、悪役組織の日本の本拠ビルとして登場したこともある。現在のメインダイニングは、創業１５８２年という歴史を誇り、ミシュランで３つ星最長記録を達成した「トゥールダルジャン」の海外唯一の支店「トゥールダルジャン」東京店だ。まさにフランス料理の殿堂、ここにありである。

客室数が日本最大級の同ホテルはマーケティング戦略がユニークだ。「宿泊プラン」を最初に始めたのが65年のお正月プラン。いま最も人気なのが女性専用プランだ。館内のビューティサロンの優待パスポートや人気アメニティなどの女性にうれしい特典たっぷりの企画だ。ルームサービスの朝食か昼食を自由に選べるのもポイント。

64年に日本で最初のホテル会員組織「ニューオータニクラブ（旧紀尾井クラブ）」を発足させ、11万人を超える会員を持つ。宿泊優先予約や会員割引、レストランやバーの特典などがある。

▼「ハイブリッドホテルプロジェクト」

帝国、オークラとともに富裕層向けの大規模改装「ハイブリッドホテルプロジェクト」に着手。創業以来となる外壁を含めた全面的リノベーションと客室のグレードアップを図った。２００７年10月にオープンした「エグゼクティブハウス 禅」は「ザ・メイン」の11～12階にある。外壁を全面ガラス張りにすることにより、どの客室からも足元から天井までのフルハイトウィンドウとなり、壁面いっぱいの開放感あふれる眺望が実現する。

同プロジェクトは、「安全」「環境」「快適性」をキーワードに、耐震性強化のための最新のテクノロジー、ＣＳＲ（企業の社会的責任）としての環境貢献など、異なる要素を組み合わせ、まったく新しいホテルを創り上げることを目指したものだ。

ホテルニューオータニの「ハイブリッドホテルプロジェクト」のコンセプトは、「地球環境への配慮がお客さまの真の快適さにつながるホテルづくり」というものだ。地球環境への負荷低減の実現を目指している。

04

専業系④

リーガロイヤルホテルグループ、パレスホテル

関西系リーガロイヤルホテルグループと高級化路線のパレスホテル東京

リーガロイヤルホテルグループ

関西財界の迎賓館との異名もあるホテルチェーン。リーガ（RIHGA）の由来は「Royal International Hotel Group & Associates」の頭文字から。正式名を株式会社ロイヤルホテルという。海外の外交官をはじめ大統領や高級官僚などVIPが大阪に訪れる際は、このホテルを利用することが多い。

戦前、大阪に国際的な近代ホテルを求める財界の声があがり、１９３５年に新大阪ホテルという名称で設立。58年大阪グランドホテル（現リーガグランドホテル）、69年京都グランドホテル（現リーガロイヤルホテル京都）など数々のグループホテルを開業。90年にはグループ名をロイヤルホテルから「リーガロイヤルホテルグループ」に、ロイヤルホテルも「リーガロイヤルホテル」に改称。

最近では、「ホテルの中のホテル」として位置付けした「ザ・プレジデンシャルタワーズ」に加え、日本の自然と和の癒しをテーマにした「ザ・ナチュラルコンフォートタワーズ」というまったく新しいタイプのエグゼクティブフロアを設け、都心にありながら別荘にいるかのようなくつろぎを提供している。

企業風土として積極的な市場開拓精神があり、通称「ホテイチ」（ホテルの1階にあるのでそう呼ばれる。デパートの「デパチカ」と同じ）と呼ばれるホテルブランド「メリッサ」（和洋中のレストランメニューやケーキなど、さまざまなホテル製品を販売しているグルメブティック）の食品・惣菜の専門店を戦略的に事業展開し、「ホテイチ」を流行させた。ホテル内のみならずオンライン販売も行っている。

同ホテルチェーンには、リーガロイヤルホテル大阪、東京、京都、広島、小倉、新居浜、リーガグランドホテル（大阪）、リーガ中之島イン、リーガロイヤルホテル堺、くろよんロイヤルホテル（長野）など。

パレスホテル

　皇居前に築かれた国有国営のホテル「ホテルテート」を前身とするパレスホテル東京は１９６１年の開業。海外からのビジネスマンを数多く受け入れる国際的ホテルとして知られる。宿泊利用の50％超を外国人客が占め、その70％は欧米からの利用客。２００５年５月、欧米の名門が加盟するホテルブランド「プリファード・ホテルズ＆リゾーツ」に、日本のホテルで唯一加盟した。外資系高級ホテルの日本進出で競争が激化するなか、独自のブランドを活用し、さらなる売上の強化を図ってきた。

　パレスホテルといえば、伝統のフランス料理を中心とする「食」の殿堂としても評価が高い。味の基本は創業当時、料理部長として迎えられたシェフ・田中徳三郎の伝統を受け継いでいる。１９２９年、料理修業のために渡仏した田中は、パリのホテルリッツでソーシエ（ソースの責任者）などを務め、帰国後、東京會舘の料理長となった。その後、60歳となった彼は磨き抜いた本格フランス料理の味をパレスホテルで開花させた。現在でも館内レストラン「テラスレストラン スワン」ではローストビーフやビーフシチューといった田中シェフの味を引き継ぐ名物メニューが味わえる。

　同ホテルでは「資源リサイクル化は企業としての社会的責任である」との観点から、92年よりホテルから出る生ゴミのリサイクル化に取り組み、業界に先駆けて完全リサイクルを成功させた。「資源を生かす分別法」の徹底やバイオ処理機の導入など、「人に優しい」ホテルを目指している。

　同ホテルチェーンには、パレスホテル箱根、ホテルグランドパレス（東京・九段下）、パレスホテル立川、パレスホテル大宮などがある。旗艦のパレスホテル東京は、ホテルとオフィスの2棟で構成される複合施設として12年再開業。国内外の富裕層の取り込みに成功している。

05

不動産系

プリンスホテル、ロイヤルパークホテルズアンドリゾーツ

日本を代表する不動産系ホテルチェーン

プリンスホテル

日本最大のシティホテルチェーン。西武グループのホテル事業を運営し、観光部門を担当している。

１９６４年の東京オリンピック開幕に合わせて建設された東京プリンスホテルをはじめ、高輪プリンスホテル（現グランドプリンスホテル新高輪）、赤坂プリンスホテル（現グランドプリンスホテル赤坂）など、首都圏を中心に大規模ホテルを次々に開業するとともに、フランチャイズによるホテル運営にも力を入れてきた。74年、海外進出第1号としてトロントプリンスホテル（カナダ）を開業。その後ハワイでマウイプリンスホテル、マウナケアビーチホテル、プリンスホテルワイキキなど、日本人のハワイ観光の盛り上がりとともに一大拠点を構築した。

２００２年４月、映画館やアイマックスシアターを備えた品川プリンスホテルエグゼクティブタワーを開業。05年には同所に水族館「エプソン 品川アクアスタジアム」をオープン。05年４月には旗艦となる東京プリンスホテルパークタワーを開業させた。ところが、同グループは一連の西武鉄道株式に関する事件に端を発したコンプライアンス体制の不備による不祥事で、06年2月、株式会社コクドと合併するとともに、西武鉄道株式会社の資産を分割・統合し、新生プリンスホテルとして新たなスタートを切った。

現在、プリンスホテルはコンベンションや国際会議にも利用可能な旗艦館「ザ・プリンス」、都市型多目的ホテルの「グランドプリンスホテル」、カジュアルな「プリンスホテル」という3つのブランドに再編された。１９５５年に「赤坂プリンスホテル」

として開業したグランドプリンスホテル赤坂は11年3月をもって閉館。16年に最高級ブランド「ザ・プリンスギャラリー 東京紀尾井町」として開業。グランドプリンスホテル赤坂旧館は「赤坂プリンス クラシックハウス」として移設され、同時開業した。

ロイヤルパークホテルズアンドリゾーツ

三菱地所のホテル部門。１９８３年、名古屋第一ホテル開業（現ロイヤルパークイン名古屋）を皮切りに、89年旗艦館のロイヤルパークホテル（東京・日本橋）を開業。２０００年11月に統括会社ロイヤルパークホテルズアンドリゾーツを設立、シティホテルと宿泊特化型ホテルの2つを柱に管理運営受託方式を積極的に展開。ロイヤルパークホテルは都内の日系ホテルの中でもビジネスマンの評価が高く、料飲部門も充実している。外国人宿泊比率も高い。

同ホテルは日本橋地区という立地を活かし日本情緒の演出を打ち出している。２００６年夏には「ゆかたで下町夏美人」という宿泊プランを企画。大好評を得たが、これは日本橋地区の企業とのコラボレーションという点でも意味があった。

03年7月、東京・汐留開発地区にロイヤルパーク汐留タワーを開業。業界初の「快眠ルーム」宿泊プランを企画。照明器具・寝具・空調機器・AV機器などを統合制御するシステムだ。ベッドのマット下に敷いて眠りの状態や離床・在床の判定ができる新開発の「非接触睡眠センサー」を組み合わせ、ユーザーの睡眠状態に合わせた補正制御も行うというもの。また世界各地のリゾートでおなじみの「マンダラ・スパ」も日本初上陸させた。同ホテルのチェーンは、ほかに横浜ロイヤルパークホテル、ロイヤルパークイン名古屋、仙台ロイヤルパークホテル、ホテルザ・マンハッタン（千葉・幕張）など。

東京タワーのそばに建つ東京プリンスホテルパークタワー。都心とは思えない緑に囲まれた環境にある。

06

鉄道系 ①

京王プラザホテル、東急ホテルズ

新宿の顔といえる京王プラザホテル、ブランド差別化の進む東急ホテルズ

京王プラザホテル

京王電鉄の所有するホテルチェーン。東京新都心、西新宿の中央に位置し、地上47階の本館と35階の南館を有する超高層の国際シティホテル。開業の１９７１年当時は地上１５３メートルの日本一高いビルだった。

進取の気風を持つ同ホテルは、宿泊施設中心の従来のシティホテルの概念から脱却し、数多くのレストラン・バーや大型宴会場、ホテルとしては初の教会式結婚式場を持ち、都市生活のコミュニケーションの場として日本人に新しいホテルライフを提案してきた。コンセプトは「プラザ＝広場」。一部の限られた層だけではなく、誰もが利用できるオープンなホテルとして「生き生きとしたヒューマンスペースの創造」を目指した。

84年以降は、客室や宴会場、レストラン、ロビーなどの改装へ積極的な設備投資を行い、時代の変化に対応する商品力の強化を図った。現在では１４４１室の客室、27のレストラン・バー、38の宴会場を有している。

近年の外資系高級ホテル進出に対して、２００３年より約１００億円超の投資を行い、大規模なホテル施設の改装に着手。06年10月、新客室「プラザコンフォート」（南館エグゼクティブフロアを改修）が誕生した。同ホテルのチェーンは、札幌、東京・多摩、八王子にある。

東急ホテルズ

東急グループのホテルチェーンを運営する会社。

日本のホテル業界の老舗企業で、1963年に開業した東京ヒルトンは同グループが招聘するなど（その後、キャピトル東急ホテルとなるが、2006年11月、閉館。10年秋にザ・キャピトルホテル東急がオフィスとの複合ビルとして再開業）、業界を常にリードしてきた。2001年の同グループのホテル事業再編を機に、株式会社東急ホテルチェーンの子会社として株式会社東急ホテルマネジメントの名称で設立され、05年に現在の商号に変更し、東急電鉄からホテル運営事業を継承した。現在、以下の3つのブランドを持つ。

●東急ホテル（シティホテル）

華やかで格調高いメインロビー、ゆったりとした客室。ゆとりとくつろぎを心から感じる優雅な滞在をメインコンセプトにしているシティホテル。

●エクセルホテル東急（高級ビジネスホテル）

シンプルでモダンなインテリアを基調にした女性をメインターゲットとする高級ビジネスホテル。2015年「東急リゾート」を併合し、シティホテルとリゾートホテルの両方を包括するブランドとなった。

●東急REIホテル

シンプルで機能的なコンセプトのビジネスホテル。旧「東急イン」ブランドと旧「ホテル東急ビズフォート」を併合して誕生。

07年6月よりパンパシフィックホテル横浜の営業を受け継ぎ、パンパシフィック横浜ベイホテル東急として新たにスタート。16年5月現在、海外ホテルも加えると、同グループホテルは49店。

新宿新都心の超高層ビル化の先駆けになった京王プラザホテル。日本のホテルウエディングシーンもここから始まったといっても過言ではない。

07

鉄道系②

ホテル小田急、阪急阪神ホテルズ

スタイリッシュな宿泊特化型「レム」が話題の阪急阪神ホテルズ

ホテル小田急

小田急電鉄を中心に構成するホテルチェーン。新宿新都心にあるハイアットリージェンシー東京や新宿駅南口にある小田急ホテルセンチュリーサザンタワー、小田急ステーションホテル本厚木、小田急ホテルセンチュリー相模大野、ホテルセンチュリー静岡などのシティホテルと、箱根ハイランドホテルや小田急山のホテルなどのリゾートホテルのように、多様な業態の8店をグループに持つ。

2007年10月、センチュリーハイアット東京からハイアットリージェンシー東京に名称が変更された。

旗艦のハイアットリージェンシー東京では、06年3月、ホテル高層階に位置し、「摩天楼を眺めながら、心身ともにエナジーをチャージすることのできるスパ」として誕生したスパ&ウェルネス「ジュール」がオープン。同年9月には、フランスで38年間にわたりミシュランの3つ星に輝き、歴史と伝統を守りながらも常にフランス料理の新境地を拓いてきたレストラン「トロワグロ」のミッシェル・トロワグロが新たにプロデュースするレストランがオープンした。同ホテルでは「食の安全」にこだわり、04年に日本のホテル初のＳＧＳ ＨＡＣＣＰ（危害分析重要管理点方式）の認証を取得している。

阪急阪神ホテルズ

株式会社阪急阪神ホテルズが展開するホテルグループ。グループ創業者は戦前の関西実業界を代表する小林一三で、１９２６年に開業された宝塚ホテルを皮切りに、10年後の36年、東京・新橋にビジネスマンのためのホテルの草分けとなる第一ホテル（現第一ホテル東京）を開業。その後も、東京オリンピックの64年には大阪新阪急ホテルを開業するなど、常に時代に即応したホテル経営を展開してきた。

２００４年、第一ホテル東京やホテル阪急インターナショナルなどを展開する第一阪急ホテルズと、新阪急ホテルグループの経営統合に続き、06年10月、今度は阪急ホールディングスと阪神電鉄の経営統合に伴い、ホテル阪神が加わり、「阪急阪神第一ホテルグループ」が誕生した。

現在、第一ホテル東京、ホテル阪急インターナショナルなど直営19、運営受託や業務提携によるグループホテル26、計45ホテルを全国に展開。

最近の話題としては、「もっとよい眠りを」というコンセプトを掲げた宿泊特化型ホテル「レム」を東京・日比谷と秋葉原で運営し、ビジネス客や女性客を中心に支持を広げている。

阪急阪神ホテルズの新コンセプトホテル「レム」の客室の3つの特徴は、レインシャワー、マッサージチェア、オリジナルベッドにある。より良い眠りを実現するためのスペシャルアイテムだ。

08

鉄道系③

近鉄・都ホテルズ、ＪＲホテルグループ

近鉄とＪＲのホテルグループ

近鉄・都ホテルズ

株式会社近鉄ホテルシステムズが運営するホテルチェーン。１９９０年代後半からホテル事業再編に着手し、旗艦の都ホテルをスターウッドホテル&リゾーツとの業務提携によりウェスティン都ホテル京都に改称した。２００７年には、都ホテル大阪と東京をシェラトン都ホテル大阪、シェラトン都ホテル東京に改称。大規模なリニューアルも実施し、ブランドイメージを刷新した。この提携は近年の外国人ビジネスマンの需要増を受け、国際的な予約ネットワークの確立と知名度アップのため行われたものだ。

08年10月志摩観光ホテルに全室スイートの新館「志摩観光ホテルベイスイート」をオープンさせた。海外には、都ホテル ロサンゼルスと都ハイブリッドホテル トーランス・カリフォルニアの2店がある。

19年4月からグループホテルを都市型フルサービスホテルの「都ホテル」、宿泊特化型のカジュアルホテル「都シティ」、リゾートホテルの「都リゾート」の3ブランドに分けた展開を開始した。

ＪＲホテルグループ

ＪＲホテルグループにはＪＲ東日本ホテルズ、アソシアホテルズ&リゾーツ、ＪＲ西日本ホテルズ、ＪＲ北海道ホテルズなどの経営会社の他に、九州や四国にグループホテルがある。

●ＪＲ東日本ホテルズ

ＪＲ東日本ホテルズが展開するホテルチェーン。シティホテルの「メトロポリタンホテルズ」、ビジネスホテルの「ホテルメッツ」、ファミリー向け

リゾートホテルの「ファミリーオ」、観光向けの「フォルクローロ」の4カテゴリーがある。なかでもメトロポリタンやメッツは駅に隣接し、集客力がある。

主なホテルに、ホテルメトロポリタン（東京・池袋）、ホテルメトロポリタンエドモント（東京・飯田橋）、ホテルメトロポリタン丸の内（東京）がある。12年10月に改修工事をすませて営業再開した東京ステーションホテルは、ラグジュアリーホテルとして生まれ変わった。

●アソシアホテルズ＆リゾーツ

1992年に設立。94年にホテルアソシア高山リゾートの開業後、グループ会社の名古屋ターミナルホテル、静岡ターミナルホテルとともにアソシアホテルズ&リゾーツを開業。2000年にはマリオット・インターナショナルと提携し、名古屋駅の真上にある巨大なツインタワーの複合施設、JRセントラルタワーズ内に名古屋マリオットアソシアホテル（客室数780）をオープン。

●JR西日本ホテルズ

8つのホテルを展開。その中心となっているのがホテルグランヴィア京都だ。その他に大阪、和歌山、岡山、広島にホテルグランヴィア、奈良ホテル、三宮ターミナルホテル、ホテル倉敷がある。

●JR北海道ホテルズ

JRタワーホテル日航札幌、旭川ターミナルホテル、JRイン札幌、ホテル日航ノースランド帯広、クロフォード・イン大沼、ホテルさっぽろ弥生の6つのホテルを展開。

東京ステーションホテルに隣接する駅舎の建物は赤レンガ造りで辰野金吾の設計。同ホテルは1915年（大正4年）に開業。

09

航空系

JALホテルズ、IHG・ANA・ホテルズグループジャパン

日系航空会社のホテル運営事業も整理撤退に向かう

JALホテルズ

1970年設立の日本航空のホテル運営会社。2010年よりホテルオークラグループに属し、15年10月には株式会社JALホテルズから株式会社オークラ ニッコー ホテルマネジメントに商号変更した。

海外の日本航空のネットワーク都市を中心にシティホテルからリゾートホテルまで幅広いニーズに対応できる施設とサービスを包含した「ニッコー・ホテルズ・インターナショナル」と、ビジネス客を対象とした宿泊主体型の「ホテルJALシティ」の2つのブランドを持つ。

同社は直営以外にも管理運営受託でホテルのオペレーションも行う。ホテル開業前から集客支援・開業後の運営支援に至るまでトータルにサポート。現在、海外17、国内30の計47ホテルを展開している。

海外ホテルの場所は以下のとおり。北米はサンフランシスコ、ヨーロッパはデュッセルドルフ、アジア・太平洋方面が最も多く、北京、大連、天津、上海、蘇州、アモイ、広州、香港、台北、ジャカルタ、バリ、ハノイ、グアム、パラオなど。海外1号店は72年のインドネシア・ジャカルタのプレジデントホテル（現ホテル・ニッコー・ジャカルタ）。国内で初の直営ホテルは成田空港開港と同じ78年開業のホテル日航成田だった。

アーバンリゾートホテルとして知られる旗艦のホテル日航東京は、すべてが海に面したバルコニー付きの客室、テラス席を設けたレストラン、海の見える宴会場など、臨海副都心ならではの恵まれた自然

との接点を大切にしている。従来のスポーツクラブとは異なる発想から生まれたスパ「然 Zen」は有名。自然環境を活用して人間本来が持つ自然治癒力を高める新しいウェルネスを提案している。

IHG・ANA・ホテルズグループジャパン

世界約100カ国に約5000のホテルを有するインターコンチネンタルホテルズグループ（インターコンチネンタル、ANAクラウンプラザ、ホリデイ・インなど）と全日本空輸のホテル部門だった株式会社ANAホテルズ&リゾーツの提携によって誕生したのが、IHG・ANA・ホテルズグループジャパンだ。

両グループが提携したのは2006年10月。持ち株会社「IHG・ANA・ホテルズホールディングス」を設立し、その傘下に合同会社「IHG・ANA・ホテルズグループジャパン」を置き、ホテルの運営を委ねることにした。同年12月、全日空ホテルズが国内に保有する13のホテルの土地建物も売却（千歳、札幌、金沢、成田、沖縄などの直営ホテル）。

全日空はホテル事業の今後の競争激化をにらみ、IHGとの提携だけではなく資産も手放し、本業の航空事業に経営資源を集中する道を選んだ。

なお、東京全日空ホテルも07年4月よりANAインターコンチネンタルホテル東京に変更されている。そのほかの直営ホテルも合同ブランド名「ANAインターコンチネンタルホテル」に変更された。

全日空ホテルズの設立は1989年だった。以前は日本国内をはじめ欧米・東南アジア・オセアニアに積極的にチェーン展開していた。「ANAホテル」はグループのブランド名のひとつとなっており、16年5月現在、国内29店展開している。

ホテルニッコー大連（大連日航飯店）は中国東北地方の玄関口、大連にあるファッショナブルなシティホテル。

10

その他の系列

藤田観光、ミリアルリゾートホテルズ、富士屋ホテル

観光業者もユニークなホテル事業を行っている

藤田観光

株式会社藤田観光は、２０００年末、新タイプの温浴施設「ユネッサン」をオープンして話題になった箱根小湧園のリゾートや、１９９８年にリノベーションを終えたフォーシーズンズホテル椿山荘 東京など、幅広い企業を所有するグループ。１９４８年に箱根小湧園を開業してから開業60周年を迎えた。

事業は大きく３つ。椿山荘や太閤園などのブライダル・バンケット事業。ワシントンホテルなどのビジネスホテル事業、箱根ホテル小涌園、箱根小涌園ユネッサン、下田海中水族館などのリゾート事業に分かれる。

なかでも外資系ホテルの新御三家に位置付けられているフォーシーズンズホテル椿山荘 東京（13年よりフォーシーズンとの提携を解消し、「ホテル椿山荘東京」）は、都心にありながら喧騒から離れ、四季折々に美しい日本庭園を持ち、高い人気を誇る。ワシントンホテルの上級チェーンとして08年に「ホテルグレイスリー」（札幌、銀座、田町、新宿、京都、那覇）を開業。15年7月に新宿歌舞伎町に開業した新宿には実物大ゴジラが設置され、話題を呼んでいる。

ミリアルリゾートホテルズ

ディズニーアンバサダーホテル、東京ディズニーシー・ホテルミラコスタ、東京ディズニーランドホテル、パーム＆ファウンテンテラスホテルを経営・運営しているのがミリアルリゾートホテルズだ。オリエンタルランドの１００％子会社。「ミリアル（milial）」とは、「ファミリアル（familial）」（家族の）

と「メモリアル（memorial）」（記念品、記念日）を合わせた造語である。

富士屋ホテル

　1878年開業の日本を代表する老舗ホテルチェーン。箱根宮ノ下の富士屋ホテルに現存する「本館」は、唐破風を取り入れた和洋折衷の木造建築であり、明治の建築様式を現代に伝えている。ほかにも「西洋館」「花御殿」「ダイニング棟」「フォレストロッジ」「カスケードルーム」などに分かれ、それぞれ建築年が異なるため、外観のデザインも異なっている。そのクラシックな建築とたたずまいにファンが多い。日光金谷ホテル、川奈ホテルと合わせて日本を代表するクラシックホテルといわれている。

　古くは宿泊客にチャップリンや孫文などの著名人をはじめとして外国人が占める割合が現在より高かったこともあり、館内には日本文化を伝えるユニークな意匠が取り入れられており、博物館のようでもある。「花御殿」には、ジョン・レノンとオノ・ヨーコ夫妻が滞在していたことがある。宿泊者向けに毎日行われているホテル内見学ツアーでは、運が良ければ夫妻が滞在した客室を見学できる。

　1966年に国際興業の傘下に入った。同ホテルチェーンの経営は、仙石ゴルフコース、湯本富士屋ホテル、箱根ホテル、富士ビューホテル、大阪富士屋ホテル、八重洲富士屋ホテル、甲府富士屋ホテル、フルーツパーク富士屋ホテルなど。

箱根は明治以降高原リゾートとして開発されたため、由緒あるホテルや旅館が多い。富士屋ホテルはその代表格。

ビジネスホテル①
（宿泊主体型）

11 ワシントンホテル、サンルート、三井ガーデンホテルズ、その他

１９７０年代に登場した宿泊主体型のビジネスホテル

ワシントンホテル

株式会社名古屋国際ホテルとして１９６１年に設立され、同ホテルは64年に開業した。69年の名古屋第一ワシントンホテル（現在閉館）を皮切りに、西日本を中心にワシントンホテルプラザチェーンを展開している。

同社は土地や建物を所有せずにオペレーション業務を主体としてチェーン拡大を図ってきたことで知られる。「投資負担が少なく、投資効率を高める」ことでオーナーには「賃貸料」という継続した安定収入を、顧客にはより少ない負担を、そして自社には適正な収益を、というのが戦略だ。

環境への配慮にも早い時期から取り組み、日本のホテル業界では初めて環境マネジメントシステムの国際規格ＩＳＯ１４００１の認証を受けている。

グループは、名古屋国際ホテル、ワシントンホテルプラザチェーン、Ｒ＆Ｂチェーンの3つで構成される。なかでも低価格設定のＲ＆Ｂは全室シングルームの宿泊特化型（１泊５０００～６０００円台で提供）ながら、朝食に焼きたてパンを提供するといったこだわりを持っている。当初は、藤田観光が運営するワシントンホテルチェーンと業務提携、共同運営していた時期があったが、２０１２年以降、両者の関係はなくなっている。

サンルート

１９７０年創業。ビジネスホテルの草分け的存在で、日本のホテル業界で初めてフランチャイズシステムを導入したことでも知られる。直営、運営受託、

フランチャイズ形式などで現在、全国に34ホテルをチェーン展開。

わが国のホテル事業におけるフランチャイズ展開の草分けといえ、ワシントンホテル、東急イン（現「東急ＲＥＩホテル」。１３３ページ参照）とともに、ビジネスホテル版の御三家といわれる。既存のホテルもデザイン性、先進機能（高速インターネット回線）の充実をコンセプトにリニューアルを進めている。14年ＪＴＢが保有するサンルートの株式を相鉄ホールディングスへ譲渡し、相鉄グループ入りした。これにともない、２０１７年7月相鉄ホテルマネジメントが設立。サンルートホテルのいくつかは、同社のビジネスホテルブランド「相鉄フレッサイン」へのリブランドが進んでいる。

三井ガーデンホテルズ

株式会社三井不動産ホテルマネジメントが運営するホテルグループ。東京、千葉、京都、大阪、岡山、広島、熊本など全国20店を展開。なかでも三井ガーデンホテル汐留イタリア街、三井ガーデンホテル銀座プレミアなど都心のホテルは人気が高い。

その他

他にも京王電鉄の「京王プレッソイン」、名古屋鉄道の「名鉄イン」、西日本鉄道の「西鉄イン」など、鉄道系のグループチェーンが続々誕生している。

ホテルサンルート東新宿は「相鉄フレッサイン東新宿」にリブランドした。

12

ビジネスホテル②

（宿泊主体型）

ソラーレホテルズアンドリゾーツ、ヴィラフォンテーヌ、リッチモンドホテルズ

ビジネスホテルも新タイプが続々登場

ソラーレホテルズアンドリゾーツ（チサンホテル）

ソラーレホテルズアンドリゾーツ株式会社が全国47カ所（2016年5月現在）に展開するホテルチェーン。「チサン（ロードサイド型のイン、シティホテル型、ビジネスホテル型と3のカテゴリーを持つ）」「ロワジール（ブライダル機能を持つシティホテル）」という2つのブランドとホテル・ザ・エム インソムニア 赤坂、浦和ロイヤルパインズホテルの直営ホテルを有する。

SOLARE（ソラーレ）とは、イタリア語で「太陽系」の意味。米系投資ファンドのローンスターグループの傘下にある同社が経営破綻した地産（チサンホテルチェーン）から03年に運営を引き継いだ。

近年同グループのバジェットタイプであるチサンインがロードサイドの出店を加速している。16年には、これまでのチサンやロワジールとは異なる最上位ホテルブランド「HOTEL the M」の1号店「HOTEL the M INNSOMNIA akasaka」を赤坂に開業した。

外資系の運営だけに、外国客の取り込みも積極的で、現状はその半分を韓国人客が占めるが、欧米系、アジア系などの個人旅行者の利用も増えている。今後も中国や台湾、東南アジアといった外国人市場の掘り起こしを図る。ビジネスホテル生き残りの鍵は外国人訪日旅客にあるという判断だ。

ヴィラフォンテーヌ

ブランド名はフランス語のVilla＝別荘、Fontaine＝泉が由来。新宿、田町、九段下、東京八丁堀、東

京汐留、六本木、神保町、茅場町、浜松町、大手町、上野、箱崎、日本橋などの都心15カ所に展開している。運営は住友不動産ヴィラフォンテーヌ株式会社。

各ホテルがそれぞれ異なるテーマとコンセプトを持っている。ヴィラフォンテーヌ大手町は音譜をモチーフにした客室インテリア、ピアノの鍵盤がデザインされたロビーなど「音楽」がテーマ。朝食無料サービスと広めのベッド&バスルームを提供。宿泊特化型でありながら機能性と快適さを追求し、ワンランク上のビジネスホテルを目指している。

リッチモンドホテルズ

外食大手のロイヤル株式会社（ロイヤルホストやシズラーなどを運営）を大株主とするアールエヌティーホテルズ株式会社が展開する宿泊主体型ビジネスホテルチェーン。２０１６年５月現在、札幌駅前、札幌大通、帯広駅前、秋田駅前、プレミア仙台駅前、仙台、山形駅前、福島駅前、宇都宮駅前、東京目白、東京武蔵野、プレミア武蔵小杉、横浜馬車道、松本、浜松、名古屋納屋橋、東大阪、高知、博多駅前、福岡天神、長崎思案橋、熊本新市街、宮崎駅前、鹿児島金生町、那覇久茂地など36店。開発コストや人件費を抑える一方、外食チェーンのシズラーをテナントに入れることで、ホテル内レストランのテナント誘致の先駆けになった。

ヴィラフォンテーヌは2つのグレードを用意しており、ハイグレードは六本木、東京汐留、田町の3つ。写真は新宿店。

13

宿泊特化型

東横イン、アパホテル、スーパーホテル、ルートインジャパン、ファミリーロッジ旅籠屋

消費者ニーズをつかんだ低価格、宿泊特化型の新興チェーン

東横イン

ビジネスコンセプトは、現代の〝駅前旅館〟。駅から近く、便利なロケーションを追求、７０００円以下という低価格で、誠実なサービスをビジネスマンのために提供する。レストラン部門を持たないが、朝はパンまたはおにぎり、味噌汁とコーヒーを無料で提供。創立はバブル経済直前の１９８６年。不動産を所有せずにオーナーから土地や建物を借り上げる方法でチェーンを拡大してきた。女性の積極的な登用、全国のホテルでの均一したサービスによるリピーターの確保で急成長を遂げた。ただし、同社は２００６年1月の不正改造問題、08年5月には硫化水素ガス事件など、世間を騒がす不祥事を起こしている。同社のビジョンは「一〇四五計画」と呼ばれ、最終的には出店数１０４５（ト・オ・ヨ・コ）を目指す。２０１９年9月現在、総客室数は日本でトップの６万５４９８室。

アパホテル

北陸一帯でマンション分譲を手掛けていたＡＰＡ株式会社の前身である信金開発株式会社が、１９８４年、第1号ホテルを金沢にオープン。シティホテルの利便性と旅館のもてなしを併せ持ち、料金はビジネスホテル並みという「新都市型ホテル」のコンセプトで躍進した。その大きな特徴となっているのが広い浴場やサウナを完備するなどリラクゼーションスペースの充実ぶりだ。２００２年、グループ本社・アパホテル本社を東京赤坂に移転。テレビＣＭやポスターによる宣伝効果で元井芙美子社長

の顔はお馴染みとなった。07年2月、建築士による耐震強度偽装問題によって6都府県9軒のホテルが営業休止したこともある。

スーパーホテル

徹底したコストダウンにより1泊朝食付きで低料金を実現し、顧客満足度の高いチェーンとして知られる。全国に１１３店舗、海外３店舗を展開。リピーター率は70%、稼働率は東京で95%、名古屋で１００%という高い数値を記録したこともあるという。ホテルオーナーから借り上げるスタイルで運営。過剰な設備やサービスを廃し、インターネット予約システムの導入、チェックイン・アウトの自動化をはじめとする宿泊、飲食サービスのＩＴ化、また客室に電話を設置しないことで経費の削減を図った。反面、女性向けのサービスを取り入れ、枕を数種類から選択できるなどソフト面を充実させている。

ルートインジャパン

ルートインジャパン株式会社が運営にあたるホテルチェーン。ロードサイドへの立地戦略の先駆けである。リゾートホテルのグランヴィリオホテル、シティホテルのアークホテル、ルートイングランド、ルートイングランティア、ルートインという5つのブランドを持つ。同社は建設業からホテル業界へ参入し、約20年で急成長を遂げた。経営の特徴は企画、設計、建築、運営を一貫して手がけること。新店舗開発の際には「立地に合わせた独自の企画によるホテルのチェーン展開」を事業戦略とし、地域によっては大浴場や温浴施設を備えた観光型ホテルを提供。「安全・清潔・快適をモットーに利便性の高いサービスとリーズナブルな料金」が躍進の理由といえる。

ファミリーロッジ旅籠屋

「アメリカンスタイルの素泊まりの宿。自動車旅行に最適なロードサイドのミニホテル。ご家族４人で1室1万円より、おひとりなら５２５０円より」（同社サイト）からもわかるように、ファミリーでのレジャー利用に的を絞ってロードサイドに全国展開を進める宿泊特化型チェーン。

1 最新の話題
2 ホテルの種類
3 ビジネスのしくみ
4 仕事紹介
5 主要各社の紹介
6 21世紀の展望
7 企業データ

14

外資系①

旧スターウッドホテル&リゾート

１９９０年代後半に大躍進。若き創業者が立ち上げたメガチェーン

ワールドワイドに展開する米国系大型ホテルチェーン。12の異なるブランド（シェラトン、フォーポイント・バイ・シェラトン、セントレジス、ザ・ラグジュアリーコレクション、ル・メリディアン、W、ウェスティン、アロフト、エレメント・バイ・ウェスティン、トリビュートポートフォリオなど。それぞれについては48ページ参照）で構成される。ブランドごとに都市型、リゾート型、滞在型など明確なコンセプトとターゲットがあり、その違いを鮮明にすることで幅広い顧客を獲得してきた。

▼不動産投資会社としてスタート

もともとホテル会社というより不動産投資会社として１９９１年に設立。創業者のバリー・スターンリヒト（１９６０年生まれ）は、98年に米国の老舗ホテルブランドのウェスティンとシェラトンを買収。さらに同年デザイン重視のスタイルホテル「W」を新たなブランドとして立ち上げ、ヤングエグゼクティブの支持を得た。この成功が同グループの躍進を決定付けたといる。ターゲットは「若くて好奇心が強くこだわりを持ったビジネストラベラー。驚きと興奮を体現すること」と明快だ。

その後も、さらなる買収を繰り広げ、わずか数年間で急成長した。シティホテルが中心だったが、リゾートにも進出。不動産投資中心の企業から「ライフスタイルを提案」する企業へと、その戦略もブランドマネジメント重視に移行していた。

２０１６年4月、マリオット・インターナショナルに買収され、世界最大のホテルチェーンが誕生している。

▼顧客囲い込みのためのゲストプログラム

セールスマーケティングも巧みで、顧客囲い込みのためのフリークエントゲストプログラム「スターウッド・プリファード・ゲスト」をいち早く導入し、航空会社との提携も積極的に進めた結果、現在会員数２１００万人となっている。成功の秘訣は使いやすさで、部屋さえ空いていれば同グループのホテルはいつでも利用できることにある。

▼ラグジュアリーコレクションも登場

日本での展開は、シェラトンがシェラトン・グランデ・トーキョーベイ・ホテル（千葉・浦安）、横浜ベイシェラトンホテル&タワーズ、シェラトン都ホテル大阪、神戸ベイシェラトンホテル&タワーズ、シェラトンホテル広島、シェラトン・グランデ・オーシャンリゾート（宮崎）、ウェスティンがウェスティンホテル東京、ウェスティンナゴヤキャッスル、ウェスティン都ホテル京都、ウェスティンホテル大阪、ウェスティンホテル淡路リゾート&コンファレンス、ウェスティンルスツリゾート（北海道）。

２０１０年には最高級カテゴリーのセントレジスホテル大阪が開業。また15年、翠嵐ラグジュアリーコレクションホテル京都も開業した。天龍寺の隣接地に地上3階地下1階で客室は39室。ラグジュアリーコレクションの日本初進出となった。客室のデザインからアートや音楽の演出に至るまで、趣向を凝らした斬新なスタイルを提案してきたWはまだだが、開業を心待ちにするファンも多い。

スターウッドのブランドのひとつ、ウェスティンホテル東京。「モダンラグジュアリー」がコンセプトだ。

15

外資系②

ヒルトンホテルズ&リゾート、ハイアットホテルズ&リゾーツ

おなじみ欧米系2大人気ブランド

ヒルトンホテルズ&リゾート

１９６３年、日本に初めて進出した「東京ヒルトン」（東急と提携。84年契約解除）は、日本人に海外の一流ホテルの世界を知らしめる存在だった。そのとき持ち込まれた最新の運営システムはいまでも日本のホテル業界の現場に引き継がれている。今日の日本のホテル業界の重鎮は同ホテル勤務経験者が多いといわれる。

現在世界約90カ国に約４０００店を展開するホテルチェーン。創設者はコンラッド・ヒルトンで１９１９年。60〜70年代にかけては、海外に出かけるアメリカ人ビジネスマンにとっての憧れのホテルだったという。高級ブランドのコンラッドもチェーンのひとつ。

日本でヒルトンはニセコ、成田、名古屋、東京、東京ベイ、大阪、小田原、沖縄北谷などにある。なかでもヒルトン東京ベイは東京ディズニーランドのオフィシャルホテルのひとつでファミリー客に人気が高い。90年にＴＢＳ系列で放送が始まった人気テレビドラマ『ＨＯＴＥＬ』（原作・石ノ森章太郎）の撮影現場となったことでも知られる。

２００５年に開業したコンラッド東京は、「和のモダン・ラグジュアリー」がテーマの渋い日本らしさあふれるホテルである。東京汐留ビルディングの28〜37階を占め、客室は２９０室。スタイリッシュな5つのレストラン・バーとスパを備えている。浜離宮恩賜庭園の目の前に位置し、四季折々の眺望を楽しめる。アメニティは資生堂のコンラッド・オリジナルブランドを用意している。

ハイアットホテルズ&リゾーツ

建築家のノーベル賞といわれるプリツカー賞創設者であるシカゴの資産家・プリツカー家が運営する、建築やデザインにこだわりのあるハイセンスな国際ホテルチェーン。

創設は１９５７年。62年に買収した数店のホテルを経営する会社としてハイアット・コーポレーションを設立。67年に世界初の全層吹き抜けのアトリウムロビーとそこを昇降するシースルーエレベーターという斬新なホテルデザインを開発。常に世界の新しいホテルシーンを形作ってきた。

主なブランドは、ビジネス客やレジャーに幅広く対応している「ハイアットリージェンシー」、80年代以降、香港をはじめアジア各地に開業した「グランドハイアット」、エスタブリッシュのための隠れ家的コンセプトを持ち、客室数を絞り込んだ「パークハイアット」、東京虎ノ門に２０１４年に開業した「アンダーズ」などがある。

日本国内には、パークハイアット東京、グランドハイアット東京、ハイアットリージェンシー大阪、ハイアットリージェンシー京都、ハイアットリージェンシー福岡、ハイアットリージェンシー箱根リゾート&スパ、グランドハイアット福岡、ハイアットリージェンシー東京など12店がある。

なかでも94年に東京に進出したパークハイアット東京は不動の人気を誇る。ソフィア・コッポラ監督の映画『ロスト・イン・トランスレーション』の舞台としても知られる。

2003年4月に開業したグランドハイアット東京は六本木ヒルズ内にある。

16

外資系③

マリオット・インターナショナル、ザ・リッツ・カールトン、フォーシーズンズホテルズ&リゾーツ、アコーホテルズ

近年日本進出が続く欧米系4ブランド

マリオット・インターナショナル

２０１６年４月、スターウッドグループを買収し、世界最大のホテルチェーンとなった。主なブランドは、マリオット、ルネッサンス、ＪＷマリオット、レジデンスインなど。１９９８年、ホテル王セザール・リッツのサービス哲学を受け継ぐ高級ブランドのザ・リッツ・カールトンを傘下に入れたが、他のブランドとは一線を画した独自の運営を行っている。

日本では、ＪＲ名古屋駅の真上にある名古屋マリオットアソシアホテルをはじめ、コートヤード・バイ・マリオット東京銀座、東京マリオットホテル、ルネッサンスリゾートオキナワ、ルネッサンスリゾートナルトなどが運営受託とフランチャイズで展開している。

ザ・リッツ・カールトン

米系超高級ホテルチェーン。ザ・リッツ・カールトン大阪は１９９７年の開業以来、18世紀の英国貴族の邸宅をモチーフにした優雅で洗練されたインテリアと、行き届いた細やかなパーソナルサービスが好評で、各種国内ホテルランキングでトップを飾っている。２０１６年5月現在、東京や京都、大阪、京都に展開している。

フォーシーズンズホテルズ&リゾーツ

１９６０年に設立されたトロント（カナダ）に本社を置くホテルチェーン。もとはトロントのダウンタウンのモーターホテルからスタートしたが、70年代に「中規模でラグジュアリーなホテル」をコンセ

プトとして徐々に海外に進出。今日の成功を収めている。

日本では藤田観光と提携して92年にフォーシーズンズホテル椿山荘 東京を開業（現在、提携を解消。「ホテル椿山荘東京」）。新御三家と呼ばれるほど評価は高い。２００２年にはフォーシーズンズホテル丸の内 東京を開業。わずか57室というスモール・ラグジュアリー・ホテルながら、椿山荘とは異なるモダニズムを取り入れた斬新でシックなデザインが「非日常」を演出。国内外のビジネスマンに高く評価されている。

アコーホテルズ

パリを本拠とし、90カ国に約３５００ものホテルを展開しているホテルチェーン。主なブランドは最高級に位置付けられるソフィテル、メルキュール、ビジネス客をターゲットにしたノボテル、メルキュール、イビスなど多彩な展開。最上級ブランドのソフィテルには、ソフィテル・メトロポール・ハノイのようにコロニアルホテルを改装したものもある。

日本進出は１９９９年に法華倶楽部から上野・池之端にあるホテルを買収、２０００年にソフィテル東京を開業したことから始まる（06年12月営業終了）。ノボテルは札幌や甲子園、メルキュールホテルは札幌、銀座東京、成田、横須賀、ザ サイプレス メルキュールホテル名古屋、沖縄那覇、イビスは札幌、東京新宿、京都、大阪に展開している。

JR東京駅のそばにあるフォーシーズンズホテル丸の内 東京は、客室数57のブティックホテルだ。

17

外資系④

マンダリン・オリエンタルホテルグループ、ザ・ペニンシュラホテルズ、シャングリ・ラ ホテルズ&リゾーツ

アジア系チェーンも登場

外資ホテル初のお目見えとなったが、日本人のアジア旅行が一般化した今日、欧米系に劣らぬ人気を博している。

マンダリン・オリエンタルホテルグループ

　東インド会社に通じるジャーディン・マセソン社が１９６３年、マンダリン香港（現在のマンダリン・オリエンタル香港）を開業。いまやバンコクのオリエンタルホテルも傘下に入れ、香港を拠点とした超高級ホテルチェーンとして知られる。

　植民地香港で生まれたホテルらしく、欧米人の目から見た「オリエンタル」を濃厚に感じさせる巧みな演出が売りだ。２００５年12月、日本初進出となるマンダリンオリエンタル東京が日本橋室町の日本橋三井タワー内に開業した。同ビルの上層階に入居し、客室数は１７９室。レストランやスパ、フィットネスクラブ、宴会場などの設備も完備。アジア系

ザ・ペニンシュラホテルズ

　１９２８年に香港に誕生したザ・ペニンシュラ香港は、英国植民地ならではの優雅で華やかなイメージを感じさせる高級ホテルブランド。朝食はイングリッシュ・ブレックファスト、午後はアフタヌーンティーが名物となっている。

　現在はニューヨーク、シカゴ、ビバリーヒルズ、パリ、バンコク、北京、上海、マニラと計10店を展開。２００７年には東京・有楽町に日本初のザ・ペニンシュラ東京が開業した。

　ホテル従業員の研修制度が優れていることで定評

があり、定着率がきわめて高い。ザ・ペニンシュラ東京の従業員も香港で研修を受けるという。運営会社は香港証券取引所の上場会社である香港&上海ホテルズ（ＨＳＨ）。

物件を所有せずオペレーションだけを受け持つことが多い外資系の中で、同社はザ・ペニンシュラ香港を筆頭にニューヨーク、シカゴなどほぼ１００％所有している。直営式を重視するのはアジア系外資の基本的な特徴だ。施設そのものでブランドイメージを強く打ち出そうとする意図がある。

シャングリ・ラ ホテルズ&リゾーツ

香港を拠点とする国際ホテルチェーン。創業は１９７１年。「シャングリ・ラ（桃源郷）」は33年に出版されたジェームズ・ヒルトンの伝奇小説『失われた地平線』の舞台となった伝説の地からとっている。中国においてアーバンリゾートホテルとして評価は高い。

ブランドはシャングリ・ラ（シティホテルとリゾートホテルがある）とトレーダース、ホテルジェン、ケリーホテルの４つ。２０１６年末現在、アジア太平洋と中東、ヨーロッパなどに90店。当初は中国主要都市を中心に展開してきたが、欧米や日本などの先進国への展開を増やす予定だ。09年はパリやバンクーバー、そして同年3月には日本初進出となるシャングリ・ラ ホテル 東京が丸の内に開業した（丸の内トラストタワー本館27～37階）。今後はカンボジアやインド、ミャンマー、フィリピン、カタールなどでの新規開業の準備が進められている。

2007年に開業したザ・ペニンシュラ東京の客室はすべて50㎡以上の広さを持ち、特にスイートルームは347㎡と都内最大級。ロビーのアフタヌーンティが有名。

Column 05

ゲストハウスやカプセルホテルが外国客に人気の理由

日本を訪れる外国人旅行者にはいろんなタイプがいる。なるべくお金をかけないで長くのんびり日本で過ごしたい旅行者も多い。彼らはLCCを利用し、1泊30ドルを切る価格帯の宿泊施設を選ぶ。こうしたニーズに対応できるのが、ゲストハウスやカプセルホテルだ。

ゲストハウスは海外ではおなじみのリーズナブルな宿泊施設だが、いま全国に急増中だ。その特徴として、シングルやツインもあるが、ドミトリーと呼ばれる2段ベッドが並ぶ大部屋があること。見ず知らずの旅行者と寝起きをともにすることになるが、同じ旅行者同士、国籍が違っても日本を旅する仲間で、情報交換もできる。外国人の利用が増えていることから、ゲストハウスではWifiを全室完備したり、外国語表示を徹底したり、旅行者のニーズに応えている。ゲストハウスのオーナーには、自分自身も海外でゲストハウスを利用した経験のある人も多く、

東京都内では、台東区の浅草や蔵前周辺にゲストハウスが集中している。なかでも「Nui. Hostel & Bar」は1Fロビーがしゃれたカフェスペースで人気がある。2015年4月にできた「GRIDS秋葉原」や同年11月に東新宿にできた「IMANO TOKYO HOSTEL」も注目だ。

都心にありながら、リーズナブルな価格帯という意味では、カプセルホテルもそう。近年外国人旅行者の利用が増えている。カプセルホテルは、もともと終電に乗り遅れたサラリーマンらが利用していた仮眠施設だったが、いまやれっきとした宿泊施設となっている。なかでも新宿歌舞伎町の中にある「区役所前カプセルホテル」はいつも外国客でにぎわっている。

Nui. Hostel & Bar
http://backpackersjapan.co.jp/nui/

GRIDS秋葉原
http://grids-hostel.com/jp.html

IMANO TOKYO HOSTEL
http://imano-tokyo.jp/

新宿区役所前カプセルホテル
http://capsuleinn.com/shinjuku/

「Nui. Hostel & Bar」は1Fロビーのカフェでくつろぐ外国人カップル

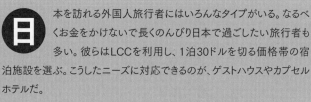

The Hotel Business in the 21st Century

21世紀の ホテルビジネス

01

現代ホテルビジネスの課題

マーケットと顧客の変化、外資の進出、販売チャネルの多様化にどう対応するか

訪日外国人旅行者の増加で、好況を迎えた日本のホテル業界だが、市場を取り巻く環境は日々変わりつつある。その変化を4つの観点からあらためて整理しておきたい。

▼ホテル業を取り巻く環境の4つの変化

第一に、日本人の消費行動が変わり、マーケットが大きく変質したことだ。かつてホテルの成長を支えてきた法人客が減少し、個人客が主流になった。日本のホテル業界では宴会売上の占める割合が高かったぶん、打撃も大きかった。少子高齢化がもたらす影響も徐々に顕在化している。

第二に、顧客ニーズが多様化したことだ。法人から個人に移った新たな客層は、海外旅行経験の一般化もあり、ニーズや嗜好が多様化している。社用族(社長就任パーティ、接待)から個人利用客(お祝い事、慶事の利用)へ。大きく様変わりした顧客がホテルに求める水準は高く、個別化している。

第三が、外資系ホテルの進出である。これまでローカルな世界で安穏としていた日本のホテル業界はグローバルな顧客獲得競争に向き合うことになった。それはネガティブな面ばかりではない。これまで日本になかった経営手法やホテル投資ビジネス、新しいトレンドやホテルシーンをもたらしてくれたからだ。アジアの富裕層など新たな客層を呼び込む受け皿ともなっている。外資系ホテルの動向が大きな注目を集めるのはそのためだ。

第四が、販売チャネルの多様化である。かつて日本のホテル業界の集客は旅行会社経由がほとんどだったが、年々その割合は減少傾向にある。インター

ネットによる直販の時代が始まった。日本のシティホテルの予約はいまや8割がネット経由といわれる。その状況を加速化させたのが、ネット専業旅行会社の宿泊予約サイトだ。

▼地域間競争の時代へ

外資系の相次ぐ進出で東京のホテル業界は地域間競争の時代を迎えている。

もともと高級ホテルの集中している西新宿地区、グランドハイアットやザ・リッツ・カールトンの六本木地区、コンラッドやロイヤルパークの汐留地区、フォーシーズンズホテル丸の内やシャングリ・ラの東京駅周辺、マンダリンオリエンタルの日本橋地区など、都内にいくつかの高級ホテル密集地区が生まれた。確かに表向きは各ブランドによる競争ではあるが、新宿と六本木、日本橋では客層が必ずしも同じとは言えない。各ホテルは顧客獲得のためには地域間競争に勝つ必要が出てきたのだ。そのためには、地元に密着し、地域とともに多くの人を街に呼び込み、ホテルも利用してもらうという発想が必要になってきた。

こうした環境変化のなかで、ホテルは顧客満足度をさらに高める必要がある。そのためにもハードとソフトのさらなる差別化や顧客ターゲットの絞り込みが不可欠だ。以下、ホテル業界がマーケティングにいかに取り組んでいるか見ていきたい。

日本のホテル経営の特徴

- 全体の売上のうち宿泊部門の比率が低く、宴会部門に頼りがち
- 人件費が高い
- あらゆる面でコスト高で、収益率が低い

日本のホテル業界を取り巻く環境の変化

- マーケットの變化
- 顧客のニーズや嗜好の變化
- 外資系の進㊐
- 販賣チャネルの多様化

02

ホテルマーケティング戦略①
カスタマーからクライアントへ

クライアントとは共通の価値を認識してくれる人

ホテル業界のマーケティングへの取り組みを考える前に、まずはマーケットがどのように変わったのか、詳しく見ていこう。

▼マーケットはどう変わったのか

マーケットは企業法人から個人客へ。「マス」から「個」へ移った。しかも、顧客の消費行動が大きく変わった。特徴として以下の4点があげられる。

①商品の価値基準を持つようになった。
②サービスに敏感になった。
③自分の意思を表現するようになった。
④企業の姿勢を問うようになった。

かつてホテルは日本人にとって特別な場所だった。その頃、ホテルの提供するものを誰も疑うことはなかったし、喜んで受け入れてくれた。ところが、現在の顧客は独自の価値観を持っている。そのため、顧客対応は画一的で横並びのものから個別の複雑なものになった。これまでは製品（サービス）情報を一方的に提供していればよかったが、顧客情報を分析する必要が出てきた。「ボリューム」から「バリュー」が問われる時代になった。

▼顧客はクライアント

顧客の概念も大きく変更を迫られている。これまで「顧客は平等」と考えられていたが、「顧客は個別」として扱うことが必要になった。「製品（サービス）を差別化」することが投資や商品企画の基本と考えられていたが、「顧客を差別化」し選んでいく時代になった。それは「市場シェア」ではなく「顧客シェア」への発想の転換である。つまり、「多くの顧客にひとつの製品（サービス）」を提供する時代から「ひとりの顧客に多くの製品（サービス）」を提供する時代へ変わったということだ。

顧客とは「カスタマー（製品を購入してくれる人）」ではなく、「クライアント（共通の価値を認識してくれる人）」なのである。

必要なのは「1 to 1」マーケティングである。不特定多数の顧客へ向けたマーケティングではなく、ひとりのヘビーユーザーを開拓し、長期取引を実現することだ。「ライフタイムバリュー」という言葉がある。ひとりの顧客に生涯にわたり企業が提供できる価値を目指し、その顧客とずっと付き合うことで企業が得られる価値を意味する。

たとえば、ひとりの人生で考えよう。子供のときは入学祝や卒業祝い、誕生日パーティ。大人になれば就職祝いや結婚式、出産祝い。老年を迎えたら、各種功労賞受賞や定年退職パーティ、長寿の祝いなど、一生を通じて営業が可能となる。「赤ちゃんからシニアまで」。そんなＶＩＰをいかに開拓できるか。それが「ライフタイムマーケティング」である。

そのため必要なのが「顧客情報」の収集である。一般に「ＣＲＭ（Customer Relationship Management）＝顧客関係構築マネジメント」と呼ばれる。たとえば、顧客の住所、名前、年齢、職業といった個人情報に加え、何月何日にホテルのどこで何を食べたかなどの取引情報を蓄積することで、その顧客がヘビーユーザーかライトユーザーかを判別、顧客の特性に応じたマーケティングが可能になるというものだ。それを実現するためにはＩＴシステムの効果的な運用が必要となる。

マーケットはどう変わったのか

マーケットの変化

商品主体	企業（社長パーティ、接待）→ **個人利用（慶事、ブッフェほか）**
マーケット	マス → **個**
顧客対応	単純 → **複雑**
キー情報	製品（サービス）情報 → **顧客情報**
キーワード	ボリューム → **バリュー**

マーケティング概念の変化

（「1to1」マーケティングの必要）

顧客は平等	▶	顧客は個別
製品（サービス）を差別化	▶	顧客を差別化
市場シェア	▶	顧客シェア
多くの顧客にひとつの製品（サービス）	▶	ひとりの顧客に多くの製品（サービス）
カスタマー（製品を購入してくれる人）	▶	クライアント（共通の価値を認識してくれる人）

03

ホテルマーケティング戦略②

顧客と市場をいかに絞り込むか

ホテルマーケティングの特性を理解し、実践する6つの指針

顧客ニーズが多様化したからといって、ホテル事業をやみくもに拡大することはできない。１９９０年代以降、そうした反省に基づき、各ホテルは競合他社の中で自らのポジショニングを強く意識した戦略をとるようになっている。

▼ホテルマーケティングの特性

マーケティングとは、変化する市場の状況を精査し、分析と予測に基づき需要を創出し、収入・利益の最大化を実現するための方策である。ただし、ホテル業界のマーケティングには他の業界とは異なるいくつかの特性がある。

まず、顧客データがきめ細かく蓄積できることだ。ビジネスの現場はホテルの中にある。目の前で集めたデータを基に新しい需要を予測できる。蓄積されたデータをいかに活用するかがポイントとなる。

次に、在庫の利かないビジネスであること。仮にある日客室が全部埋まったとしても、翌日もそうとは限らない。どんなに需要があっても限られた客室数しか販売できない。常に需要と供給のバランスを考えなければならない。

第三が競合他社の存在が大きく自らのビジネスに影響を与えることだ。近年多くの外資系ホテルが東京に進出したが、既存ホテルが新たな競合相手に対抗してやったことは、せいぜい施設のリニューアルのために投資することだった。しかし本当に必要なのは、競合他社に関するデータの収集・分析であり、いかに自らのマーケットシェアを守れるか。他社の長所と短所を見極め、自らの有利さをどう活かすか検討し、戦略を立てることだったはずである。

▼ホテルマーケティングの実践

前述した特性から以下の指針が考えられる。

①自社商品をいかに顧客ニーズに合致させるか

いま海外のラグジュアリーホテルが最も他社との差別化に力を入れているのが、ベッド回りの寝具やリネンの質だといわれる。いかに快適な睡眠が得られるかが時代のニーズである。顧客が何を欲求しているかを常に考えること。しかも誰よりも早く。他社の模倣ではインパクトが弱い。

②競合他社の見極めと戦略をいかに立案するか

重要なのは自社が競う相手は誰なのかを明確にすることだ。自らのポジショニングを客観的に把握し、他者との長所・短所を比較、精査すること。

③顧客と市場をいかに絞り込むか

誰が自社ホテルの顧客となってくれるのか。不特定多数の誰かではない。自らの顧客設定が明確でなければ、競合が誰かということも曖昧になる。自らの資源価値（客室、施設、立地など）をつかみ、自らの対象顧客を絞り込むこと。

④どの価格であれば競争できるか

東京では価格の高いホテルほど顧客満足度が高いというデータがある。一般に客室稼働率が80％を越えたら価格を上げてもいいといわれる。だが、価格を上げれば収益が上がるとは限らない。経営環境や競合他社との関係から価格戦略を明確にすることが重要だ。どの価格であれば競争できるかを設定、そのためのコストをどう割り出すか。

⑤ネットをいかに活用し、新規顧客を獲得するか

1日24時間、全世界でコンピュータを使って予約が行われる今日、客室販売の主戦場はネットにある。ネットをいかに活用し、新規顧客を獲得するかが重要課題となっている。

⑥いかに効果的なプロモーションを行うか

ホテルは装置産業だからこそ、人を呼び込むためには常に何かが起こっているという印象を発信することが必要だ。そのためにもありとあらゆる機会を使ってPRを行うべきだ。ただし、ホテル広告の対費用効果は定かでない。マスコミを利用するのは有効だ。

04

ホテルマーケティング戦略③
ブランド戦略の方向性を定めよ
高級化路線とは一線を画したプレミアムなスタイルの確立を目指せ

マーケティングの実践において重要なのは、自社のポジショニングを競合他社との関係でどう位置付けるかである。どうすれば自らのステータスを上げられるかという問題ではない。むしろ自らのビジネスのスタイルを明確にし、徹底することが重要なのだ。そのために必要なのが、ブランドマネジメントである。

▼ブランドマネジメントが苦手な日系ホテル

一般にブランドマネジメントとは、自社ブランドを信奉してくれる客層を開拓し、定着させることが目的である。それを支える構成要素として、CS（顧客満足度）、OS（経営者満足）、ES（従業員満足）の3つの満足があるが、すべて揃わなければならないとされる。その結果が、客室の高稼働であり、ブランドマネジメントの成功といえるのだ。

ブランドマネジメントのためには、自社ブランドにおける「ストーリーの創造」をアピールすることが必要だ。ブランド確立には物語が不可欠なのだ。加えて、利用者の優越感や顕示的消費欲に訴える演出や話題づくりも必要だ。

外資系ホテルはそれが実に巧みである。メディア対策に力を入れており、広報や広告宣伝のスタッフに広告代理店の勤務経験者を据えることも多い。

日本のホテルはそれが苦手といわれる。長く法人需要を経営の柱にしてきたために、個人客に対するマーケティングが遅れをとっているためだ。

外資系との競合により、これまで5つ星クラスと認知されていたシティホテルの多くがワンランク下のクラスと見なされる可能性を指摘されている。

▼ステータスではなくスタイルを目指す

だからといって、落胆することはない。自社のポジショニングさえ明快であれば、一定のプレステージを保ちながら、マスにも売れる方向を模索すればいいのである。

たとえば、スターバックスコーヒーがいい例だ。誰でも手の届くプレミアム商品としてのスタイルが定着している。目指すべきなのは、ステータスではなく、スタイルなのである。

スターウッドグループが異なる複数のブランドを立ち上げ、それぞれのポジショニングに沿った展開を進めることで、結果的にトータルなブランド価値を構築していることは大いに参考になる。

やみくもな高級化路線とは一線を画したプレミアムなスタイルの確立こそ日本のホテルが目指すべきものだろう。苦手といわれてきたブランド戦略の方向性をそちらに定めるべきなのだ。そのうえで、自らの強みを発揮できる分野や商品を打ち出し、ナンバーワンを目指すこと。その強みをわかりやすく明確に発信することが求められている。

なぜブランドマネジメントが重要かというと、インターネットの時代だからでもある。自らのブランド価値や特徴を打ち出せないホテルは、ネット上では存在感を失ってしまうからだ。ついには価格競争に追い込まれてしまう。そうなってしまってはおしまいなのだ。

ブランドマネジメント

狙い＝自社ブランドを信奉してくれる客層を開拓し定着させること

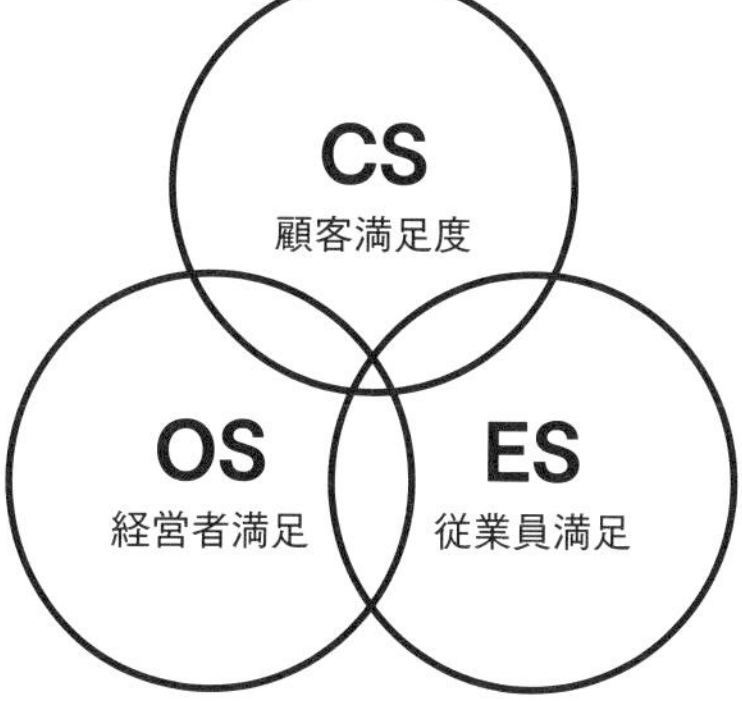

ブランド戦略の明確化
ホテル宿泊客の「ストーリーの創造」

05

コンピュータシステムとＩＴ戦略①

予約経路の多様化にどう対応するか

割引率の低い予約経路で販売する客室が多くなるほど収益は上がる

ホテル業界は他の業界に比べ、早くから自社内のコンピュータシステムを導入してきた。システム導入にはそれぞれの時代背景があった。

▼ホテルＩＴシステムの歴史的変遷

１９７０年代後半に、宿泊予約や販売管理を自動化する顧客情報システムが導入された。80年代には、宴会やレストランなどの販売管理システム。90年代に入ると、販売促進のために多様化する宿泊プランやレストランイベントなどが盛んに企画され、商品バラエティを管理し、スタッフが共有化する必要が生まれ、ＩＴによる情報管理は進んだ。事業の効率化とコスト配分の見直しにＩＴの導入は有効だった。ただし、これらはあくまでホテル内稼動のシステムである。

▼予約経路の複雑化

ところが、２０００年前後からホテル内稼動で事足りていたコンピュータシステムがネットワーク環境の進展により大きな変革を迫られるようになった。

現在、ホテルには多様な経路を通って予約が入るようになっている。代表的なのはＧＤＳ（Global Distribution System：世界的な旅行予約システムの総称）で、世界の旅行会社を結ぶネットワークである。そして旅行会社や航空会社の独立したネットワーク、近年台頭しているネット旅行会社、自社のホームページ、加えて電話やファクスによる予約がある。

こうした予約経路の多様化や複雑化により、ホテル側の客室供給業務が極めて煩雑になっている。予約データの流れがバラバラで確認作業に手間取るの

1 最新の話題
2 ホテルの種類
3 ビジネスのしくみ
4 仕事紹介
5 主要各社の紹介
6 21世紀の展望
7 企業データ

である。その結果、販売分析が困難になる。外部予約ネットワークの多様化によるせっかくの販売チャネルの拡大が十分活かせなくなってくるのだ。

そうならないためには、販売客室数の管理システムを自社で構築する必要がある。現在、自社の客室はどの予約経路を通してどのくらい販売しているのか、どこまで販売していいのかといったことを自ら管理していかなければならないのだ。

というのも、客室の料金はどの経路で予約されるかによって異なっているからだ。割引率の低い予約経路で販売する客室が多くなるほど収益は上がる。多様化した予約システムを連携しなければならないのである。

予約率を高めるには日々の努力が有効

宿泊客の予約率を上げるにはどうすればいいのか。ホテル関係者のいちばんの悩みである。ネット経由の予約が8割を超える現在、重要となるのは、ネットによる口コミに対する細かい対応だ。

たとえば、世界最大の旅行口コミサイト「TripAdvisor」に書き込まれる自社の口コミをどう分析するか。以下の3点がポイントとなる。

- 投稿写真の数
- 寄せられた口コミ件数と内容
- ホテル側からの返信内容

予約する側にとって、写真はホテル選びにとって最も参考になる材料だ。テキストでいくら説明するより効果がある。口コミによる宿泊客の書き込みは、良い内容もあれば悪い内容もあるが、できるだけ数多く掲載されていることはポイントが高い。それだけ印象的なホテルだといえるからだ。他の人気ホテルの口コミでは、どのような点が評価されているのかを参考にすることも大事だ。

書き込みに対するホテル側の返信内容も重要だ。ホテルには繁忙期もあれば閑散期もあるが、継続的にコメントが書き込まれているような状態をいかに維持できるか。日々の地道な努力が予約率アップにつながるのだ。

TripAdvisor
https://www.tripadvisor.jp/Hotels

ホテルコンピュータシステムの変遷

年代	～1980年代まで	1990年代	2000年～現在
時代背景	経済は右肩上がり・インフレ・人口増	バブル崩壊・人口増停止	
システム導入の目的	売上増分を自ホテルに有利に配分	利益の効率化・コスト配分の見直し	新しい手法・技術の導入による売上・コストの見直し
システムの位置づけ	ホテル内稼働		ネットワーク環境下

ホテル予約経路の多様化

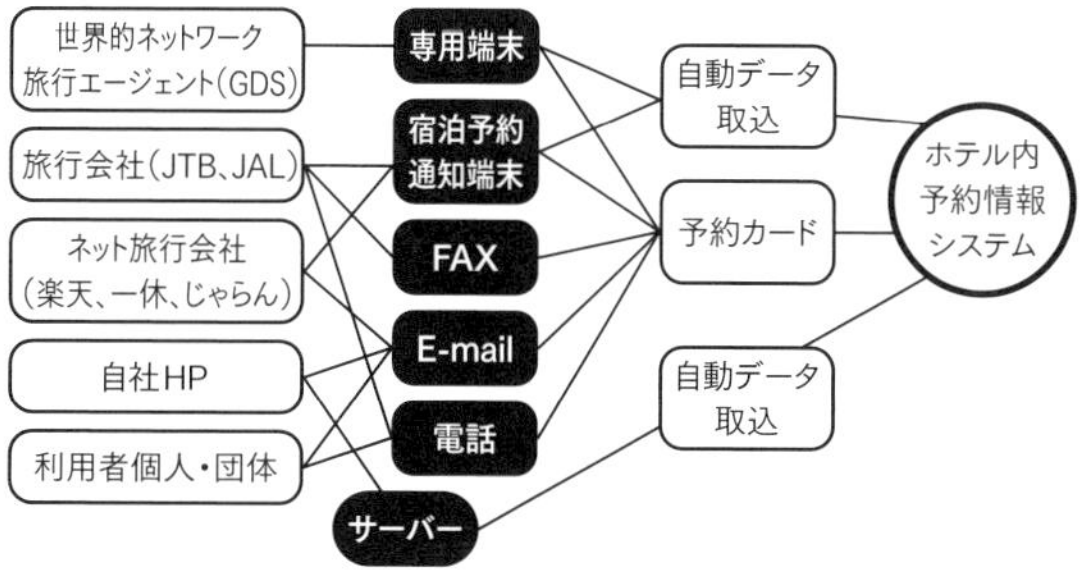

06

コンピュータシステムとＩＴ戦略②
低価格化をいかに防ぐか

顧客セグメント別に料金変動パターンを分析し、それぞれの料金体系をつくる

今日、ホテルのネット予約は一般化しており、販売チャネルは多様化している。それは利用者にとって結構なことだが、ホテル業界にとって必ずしも喜ばしい話とは限らない。なぜなら、ＩＴがもたらす低価格化の波に翻弄され始めているからだ。

▼ＩＴによるコモディティ化

これをＩＴによるコモディティ化という。一般にコモディティとは大豆や砂糖など市場で取引される農工業製品を指す。どこで採れたものか、大きさや品質についてなど中身はそれほど重要ではない。単に「質量あたりいくらか」で売買されてしまう。商品市場や特性として差別化ができない商品である。

その結果、低価格以外に価値が見出せない状況に陥ることをコモディティ化というのだが、宿泊予約サイトなどでホテルの情報やサービスが一覧比較されるようになると、これが起こる。ホテルもまた価格競争に突入してしまうのだ。

たとえば、ホテルサイトに予算を入力すれば該当するリストが検索されてしまう。そのとき利用者は当然のように価格にきわめて敏感に反応する。価値の違いが見出せなければ低価格を選ぶ。だからといって価格競争に巻き込まれないようにとホテルサイトへの掲載をやめるとどうなるか。ネットの比較情報リストに取り上げられないホテルは、これまで以上に販売機会を失うことになる可能性がある。

単純な価格競争のしくみに取り込まれると収益性の低下をもたらすが、逆に取り込まれなければまったく売れないことが起こりうる。そこにコモディティ化の怖さがあるのだ。

▼予約経路別に料金体系を持つ

こうした兼ね合いをホテル業界はどう考えるべきだろうか。ネットによる間際予約が可能となったことで、客室が埋まる可能性は高まったが、予約日が近づくほど価格が下がる可能性を多くの消費者は知っている。同じ在庫の利かないビジネスである航空券販売とは違うところだ。航空券の場合、前金を受け取るシステムがあるため、早期割引はあっても間際割引は基本的にない。今後ホテル業界もこのシステムを導入していく必要があるだろう。

多様な予約経路と販売価格の複雑化という状況が、多くのホテルにレベニューマネジメント（72ページ参照）の導入をもたらしたといえる。予約経路によって明らかに顧客のセグメントは違っている。予約経路別に異なる宿泊料金体系と販売ポリシーを持ち、コントロールすることが必要になる。無作為なその場限りの料金変動はNGなのである。

たとえば、セグメント別に予約経路別の料金変動のパターンを分析し、需要の多い日と少ない日に分けてルームタイプ別に早期割引と間際予約料金を設定する。これ以下では販売してはいけないというボトム料金を決め、販売制限のルールも明確化しておくことも必要だ。こうしたルールの策定には、宿泊部門の収益率だけではなく、その他部門の経費や変動費も考慮しておかなければならないだろう。

▼自社のネットワークコミュニティを構築

価格だけで価値が決められるコモディティ化を防ぐためには、いかに自社の特徴を打ち出すか、その戦略を立てることも重要だ。

宿泊予約サイトのような比較情報リストとは関係を断つことはできないまでも、独自でネットを活用し顧客の声をくみ上げるしくみを立ち上げることが有効だろう。ネットの双方向性を活用し、各担当者が顧客の声を元にクレームや意見を収集し、施設やサービスの改良、企画を開発できるような自社のネットワークコミュニティを構築すること。自社のポジショニングやブランディングの方向性を探っていくことで、戦略は明確化されていくことだろう。

07

ホテルの資産投資について

ホテルの資産運営を目的とした不動産投資をホテルアセットマネジメントという

最後に、ホテルの資産投資の概要について述べておきたい。

一般にホテル業はホスピタリティ産業と捉えられているが、それだけでは実態をふまえているとはいえない。なぜなら、ホテルには必ず所有者（オーナー）がいるからだ。ホテルの経営や運営に関わるかどうかはともかく、投資者であるオーナーが自らの資産価値を拡大したいと考えるのは当然だ。

つまり、ホテル業には以下の2つの側面がある。

①運営・マーケティング（＝ホスピタリティ産業としてのホテル業）

②資産管理・ファイナンス（＝不動産業としてのホテル業）

ところが、これまでオーナーの直営や賃借の多い日本のホテル業界ではこうした考え方はあまり注目されてこなかった。

▼ホテル投資とは何か

近年、外資による日本国内の不動産投資が盛んに行われるようになっている。不動産業としてのホテル業を「ホテルアセットマネジメント」という。ひと言でいえば、ホテルの資産運営を目的とした不動産投資だ。

これからの時代、ホテル経営もアセットマネジメントを十分考慮しなければならないといえる。ホテルは装置産業である以上、施設を増築したり改装したりすることが重要である。つまり、ホテル経営には常に再投資が必要なのだ。オーナーに再投資を促すには、オペレーターがオーナーに利益を上げさせることが命題となる。

▼ホテル投資はリスクが高い

一般にホテル投資はオフィスや住宅に比べ不確定要素が多く、投資リスクは高いといわれてきた。オフィスの安定した賃貸収入に比べ、ホテル経営は年によって売上が変わるかもしれず、投資そのものに費用がかかるからだ。近年東京に進出した外資系ホテルの多くが、投資コストを低く抑えるために、東京都が講じたビルの容積率緩和措置を利用し、独立棟ではなく大型複合施設の最上階にテナントとして入っているのはそのためだ。

ホテルアセットマネジメントという発想は「所有」「経営」「運営」が分離した外資系ホテルだけの話ではない。ホテルにとって売買されることはメリットもあるのだ。新しいオーナーは資産拡大を見込んでたいていの場合、改装投資をするものだからだ。逆にいえば、オーナーがいつまでも変わらなければ、同じオーナーが絶えず更新投資をしなければならず、改装実施の手遅れがさらなる売上減少を招くというネガティブスパイラルに陥る危険性もある。

オーナーの側に立てば、オペレーターが確実に収益を生み出す能力があるか、予算や決算をきちんと報告しているかといったことを常に見極めようとするわけで、これまでの親会社・子会社の関係のような曖昧な経営はできなくなる。ホテル業界の活性化のためにも、これからのホテルマンは資産運営やファイナンスを学ぶ必要があるだろう。

ホテル投資とは何か

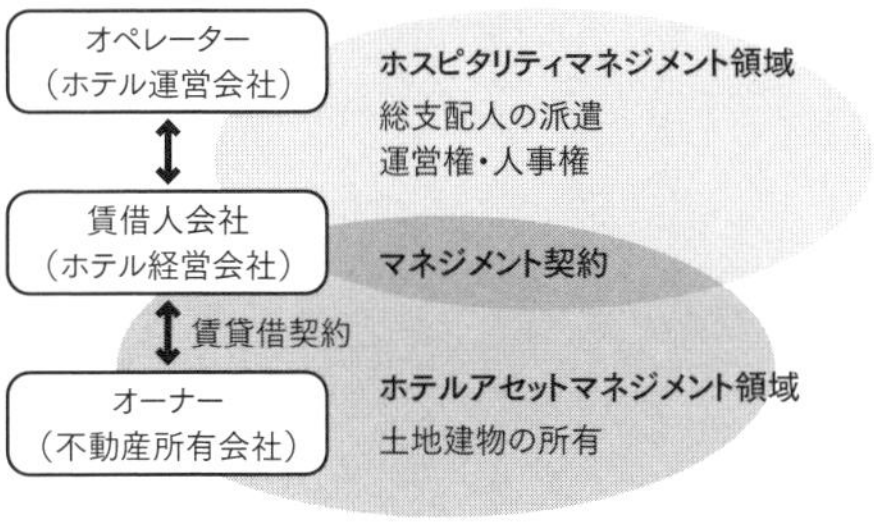

ホテル不動産投資の収益システム

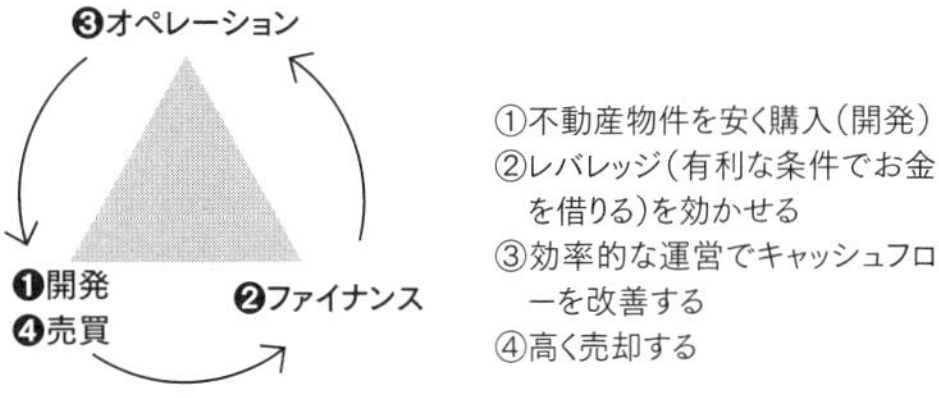

①不動産物件を安く購入（開発）
②レバレッジ（有利な条件でお金を借りる）を効かせる
③効率的な運営でキャッシュフローを改善する
④高く売却する

08

ホテル業界の待遇、昇進について

昇進のスタイルはさまざま。経験を積み、適職を探す

▼他の業界と比べると給与は高くない

ホテル業界に定期採用された新入社員の平均的な給与は、大卒で20万円前後、短大・専門学校卒で17万～18万円といわれる。加えて賞与が年2回（夏冬）支給。他の業界と比べると決して高い水準とはいえないが、あくまで初任給であり、昇給するかどうかは本人次第。成果主義の時代を受け、キャプテン、アシスタント・マネージャー、マネージャーと昇進のチャンスはある。

そのための自己啓発的研修、語学、接遇、専門技術などを習得した成果を給与に反映し、奨励手当てを出す企業もある。一般に日系ホテルに比べると外資系の方が幹部教育の面で一歩進んでいるといわれる。マネージャー見習いとして多くの部署を経験し、海外本社でのマネジメント研修への道もある。

労働集約型の産業であるホテル経営の課題は、売上の4割に達するともいわれる人件費対策である。どうすればサービスレベルを落とすことなく、人件費を抑制できるか。そのために、可能な限り給与の高い正社員を絞り、契約社員やパート、アルバイトを配置していこうとする傾向は強まっている。一般に契約社員の契約期間は1年から3年だ。ただし、能力が認められれば他のホテルでも通用し、キャリアアップが可能である。

昨今、日本のホテル業界は人員不足が続いている。そのため、入社時はたとえレストラン勤務として採用された場合でも、本人が希望を出せば、宿泊や営業など、その他の部署に移り、ステップアップすることも可能だ。そのためには、自分の希望をきちんと言葉で伝えられることが重要だ。基本的にホテルの仕事はサービス業。お客様に対してはもちろんのこと、周囲のスタッフや上司とのコミュニケーション能力が評価の対象となるのだ。

▼日系と外資系で異なる昇進のスタイル

ホテル業界では職種によって昇進のスタイルは異なっている。シェフやスパのセラピストといった特定の専門分野の道を極めるスペシャリスト系の職種の場合、技術と経験が認められることで責任あるポジションになるのが一般的。

一方幹部としてマネジメントを目指すジェネラリスト系は、「宿泊」「料飲」「宴会」「管理」「営業」など、さまざまな部門で経験を積み、自分の適職を見つけ、その部門の中で昇進していくことになる。

「宿泊」でいえば、まずドアマンやベルボーイ、ハウスキーピングから。これらの仕事を経験することはホテルマンとしての基本である。その後、フロントスタッフになり、それを統括するフロントマネージャーになるというのが道筋だ。「料飲」では、ウエイターから始まりレストランマネージャーになる。

日本のホテルでは、基本的に社内でさまざまな部門を横断的に経験しながら、自分に適した職種を見つけ、そこで内部昇進していくことになる。一方、外資系ホテルには社内での昇進という考え方がほとんどない。内部昇進というシステムがないため、昇進するには前任の上司が転職するか退職するなど、そのポジションが空かないとできない。

そこで、経験をある程度積んだら、他の外資系ホテルチェーンで自分の望むポジションが空いているときに、そこに転職するというのが一般的な昇進のスタイルだ。

日本のホテルも従来の年功序列型の昇給パターンは、維持できなくなっている。そのため一部の企業の中には、ジェネラリスト系の職種をさらに経営管理職を目指す職種とその他の営業職に分けるところも出てきた。今後のホテルの人材育成の方向性はより外資系に近づき、スペシャリストの育成に重点が置かれるだろう。自分はどちらに向いているか。常に意識しながら仕事経験を積んでいくことになる。

09 ホテル業界の就職戦線と転職

空前のホテル業界の好況で人材が求められている

ホテル業界では、いま人材不足が叫ばれている。訪日外国人の増加にともなう全国的な客室稼働率の上昇で、新規開業も増えており、新卒採用枠も拡大している。また、即戦力としての中途採用も増えている。かつてのような雇用期間を限定した契約社員や派遣社員ではなく、正規社員が求められているという意味でも、売り手市場にある。この数年で、ホテル業界の人材をめぐる状況は大きく好転しており、業界も採用に力を入れているためだ。

▼採用の形態はさまざま

採用の形態は各社まちまちだ。たとえば、帝国ホテルの場合は、入社時に「総合コース（大学・大学院卒対象）」と「専門コース（接客・調理職種等）」（東京エリア採用と大阪エリア採用に分かれる）に分けて募集を行う。前者ではホテルのマネジメントに関わる社員を、後者では現場のスペシャリストとなる社員を目指すことになる。また、ホテルオークラ東京のように正社員（営業系＝セールス、ブライダルなど、運営系＝宿泊、飲料など、企画系＝商品企画、広報、経営企画、マーケティングなど、管理系＝経理、人事など）と専門職社員（契約社員。宿泊、飲料など）に分けて行う場合もある。

本社一括で採用されるグループ企業の場合と、外資系など個々のホテルが独自に採用を行う場合がある。グループ一括の場合はほぼ毎年採用があるが、個々のホテルはそうとは限らないため、就職志願者はどのホテルが採用を行っているかを調べることから始めなければならない。本社採用のホテルの場合、本社で一括採用され、内定後にそれぞれのホテルに配属されることになるため、自分の働きたいホテルがどのグループに属しているかを調べる必要がある。

主要ホテルであれば本書の巻末データを、もっと詳細なものは、オータパブリケイションズが発行する『ホテル業界就職ガイド』には全国の主要なホテルの連絡先が掲載されているので、チェックしよう。

▼流動的な採用状況

新卒採用の募集の時期については、グループ企業の場合は、例年前年度の春頃よりホームページに掲載されることが普通だが、必ずしも同時期にいっせいに告知されるわけではない。なぜなら、新規開業するホテルが増えており、その時期に合わせた臨時の募集が求人サイトなどに流れることが多いからだ。その場合、即戦力が求められることになるので、中途採用や転職組が殺到することが考えられる。

そのため、これまで以上に、各就職サイトやホテルの情報サイトなどを通じて、募集情報をチェックしておかなければならないだろう。新卒に限らず、中途採用のチャンスも広がっており、きわめて流動的な採用状況となっているのだ。

▼女性の活躍がますます期待される

活況を呈する昨今のホテル業界では、女性の活躍する場面が増えている。以前と比べ、結婚して子供ができても仕事を続ける女性も多い。幅広い業務知識や語学力など、多くのスキルが求められる時代となっているため、能力の高い女性が働きやすい環境となっているのだ。能力重視でステップアップが可能となるのが、いまのホテル業界だ。

そのため、多くの現役ホテルスタッフは現場の仕事をこなしながら、ステップアップのために、転職のことを頭に置いているという。業界は人員不足のため、転職によるステップアップの際の昇給額は上がる傾向にあるからだ。他のホテルチェーンの担当者らとの情報交換やネットワークづくりも盛んになっているという。「人との出会いこそが、自分のホテル人生を大きく左右するからだ」とあるホテルスタッフは話す。「これからのホテル業界は、自分を売り込んでいく時代」なのである。

10

選考方法、求められる人材とは

選考は面接重視。一番役立つ企業研究は実際にホテルを訪ねること

ホテル業界が採用に際して行う選考方法の特徴は、ひと言でいえば「面接重視」だろう。いわゆる「人物本位」の採用である。

▼ビジネスとしてホテル業を捉える姿勢

では、面接に際して重視されることは何か。

まず、サービス業としての基本精神である「明るさ」や「清潔感」。「笑顔がいい」ということも大きなポイントだ。現場で必要な「臨機応変さ」というのも大切な資質である。こうしたことはグループディスカッションなどで試される。

次に大切なのは、その人物がホテルのブランドイメージに合うかということ。ホテル業界の人たちを見ていると、そのホテルの経営コンセプトや社風に合ったタイプの人物が採用された結果だと思うことが多い。これぱかりは付け焼き刃ではどうしようもないし、自分のキャラクターに合わないホテルに入社すると、本人も苦労する。志願する以上、惹かれるものがあるはずだから、「自分が志望するホテルのどこに魅力を感じるか」、その理由をなるべく自分の言葉で表現できるようにしておきたい。

最後に問われるのは、ホテルの仕事をビジネスとしてどう捉えているかという姿勢だ。ただ「サービスが好き」「ホテルが好き」だけでは不十分。採用担当者たちは、その人が入社後にどんな仕事ぶりを見せるか想像できるような姿勢を見たいのだ。

「近年の訪日外国人客の急増で、ホテル業界では外国語の能力が強く求められる状況となっている。それは、接客の場面だけではない。外資系ホテルも次々、参入し、職場で働く外国人スタッフも増えている。

彼らとのきめ細かいコミュニケーションは、仕事上必要となっている」。

そう語るのは、ある外資系ホテルのスタッフだ。自らのステップアップのためにも、自分の希望を英語できちんと説明する能力が欠かせない時代なのだ。

これからのホテル業界人は、サービスの提供でこと足れりとはいえないのだ。

▼独自のサービスや商品の特徴を見つける

ホテル業界の企業研究をするうえで一番役立つのは、実際に志望するホテルを訪ねることだろう。メーカーなどと違い、その企業の商品（サービス）をじかに現場で知ることができ、提供する社員の言葉やしぐさ、表情までじっくり眺められる。

その際、そのホテル独自のサービスや商品の特徴を見つけることを心がけたい。そこにはそのホテルの経営に対する考え方が反映されているからだ。企業研究などと気負わなくてもいいから、スタッフに質問するくらいのところがあってもいい。そこで気づいたことを面接の際、自分の言葉で語れるようにしたいものだ。「そのホテルを好きになる」という一種のファン心理というものは、この業界で働くうえで大切なことだ。

面接の際、想定される質問について自分なりの回答を用意しておこう。質問のポイントはたいてい以下の3つだろう。

まず「ホテル業界の志望理由」。これは当然聞かれることだが、自らの思いをまっすぐに語ればいい。2つめは「当ホテルの印象。気になること」。批判したら落とされるということはないだろうが、建設的で消費者の目線からの鋭い指摘がほしい。その課題をどう改善できるかについてまで提案ができれば好ましい。3つめは「なぜうちへ志望したのか」。ここで、実際に自ら訪ねたホテル研究の成果をもとに、自分の言葉で志望ホテルの魅力を語り、自分がどう貢献できるかを伝えることだ。

いってみれば、面接というのはセールストークが試される場のようなものである。実際の職業経験がない人間がセールストークするためには、それなりの準備が必要だ。

11

ホテル業界の先輩からのアドバイス

業界を目指す人が知っておきたい心構え、ホテルの仕事の内実とは

最後に、ホテル業界の先輩おふたりから教えていただいたアドバイスを紹介しておこう。

▼語学には力を入れたい

まずはホテル業界に入るためには、どんな勉強が必要か。おふたりとも語学の勉強をあげている。

「就職前に実務的な資格は必要ないと思います。ただし、日系、外資系にかかわらず英語は身につけておきたい。英語が話せなくても入社はできますが、その後の仕事の拡がりに影響は出るかもしれません。やはりこれからの時代、外国人のお客様にきちんと対応できるスタッフとそうでないスタッフでは大きな違いが出ると思います」（Aさん・外資系男性）

「特別な勉強や資格は就職時に必要はないと思いますが、語学は必ず役立ちます」（Bさん・日系女性）

次は面接時のアドバイスだ。

「就職活動中、採用担当の方のお話を聞いたとき、第一印象としてあたたかさを感じたことを思い出します。ああ素敵、私はここで働くのだなと思ったものです。だからでしょうか、私の場合、面接を楽しんでいましたね。自分から面接官の方にいろいろ質問しました。自分がこのホテルで働くうえで知っておきたいことはたくさんありました。『いまの仕事をされていて何が面白いですか』など。いま考えると、ずいぶんストレートであきれてしまいますが、そういう前向きな気持ちが大事だと思います」（Bさん）

「面接の際は、自分からその会社の仕事に対する考え方や現場について質問するくらいの積極性が必要です。そのためには、ホテルの仕事を理解していなければ、質問も出てこないはずです。面接官の方は

そういうやる気を見ているのです」（Aさん）

▼パズルを組み合わせるような仕事

　おふたりとも業界で働きたいという強い意欲を面接官に表現している。共通するのは仕事について質問していること。Bさんはその理由をこう説明する。

「これはどの業種でもいえることでしょうが、自分というものをしっかり持つことです。採用する側の立場からすれば、面接時に通りいっぺんのことを言う人は印象に残らないからです。上手に説明できなくても一生懸命自分の考えを言う人は光る。学生の方を見ていて、この人はホテルマンになるな、というのはすぐにわかるものです。これはある程度経験を積んだホテルマンなら、誰でも直感的に感じることではないかと思います。それは何かというと、人を思いやる気持ちなのです。それは顔に出るんです。

　就職活動の際は、できるだけいろいろなホテルを見に行き、まずはお客様としてホテルを利用することをおすすめします。ロビーに一歩入るだけでそのホテルの雰囲気がわかるものです。あっ、ここはいいなとか、ここはちょっと違うとか。そういう感覚は大切です。ホテル業界とひと口にいいますが、それぞれのホテルにはそれぞれの考え方があり、社風も雰囲気も大きく違うもので、合う合わないは実際にあるからです」

　Aさんはホテルの仕事の内実について、最後にこんな風に語ってくれた。

「業界を志望する皆さんがいちばん誤解していることのひとつに、ホテルの仕事＝フロントの仕事をイメージしていることではないでしょうか。実際は、それだけではありません。何十個何百個という種類の仕事があり、それがパズルのように組み合わさってホテルの仕事になるのです。ですから、皆さんにはホテルのありとあらゆる仕事に関心を持ってほしいと思います。スペシャリストとしてその道を極めるのもひとつのあり方ですが、営業やマネジメントを極める道もあります。ただ、どんな仕事でもその共通項はすべてがお客様に向いているということ。どんな部門・職種でもお客様と接しない人はいない。これがホテルの世界です」

Column 06

民宿新法で何が変わったか

民泊新法（住宅宿泊事業法）施行後、日本の民泊の何が変わったといえるのだろうか。

海外発のマッチングサービスを借用せざるを得なかった日本の民泊の運営は、地域の固有の事情が置き去りにされる面があったことは否めない。

住民にとって自らの居住空間の周辺に不特定多数の外国人が出入りすることの不安に加え、誰とも知らない地域外の運営者たちによる利益の道具として使われていることへの反発があった。今日の日本は、残念なことに、風鈴やピアノの音さえ近隣トラブルになりかねない、寛容性が失われつつある社会なのだ。コミュニティの喪失とはこういうところに現れている。本来、海外のゲストと日本のホストを結びつける画期的なツールであった民泊サイトとその運営者たちは、あまりに無邪気で、こうした地域の事情に無頓着すぎたというべきかもしれない。

こうした蹉跌をふまえたせいか、Airbnb Japanが民泊ホスト志願者のために全国で行う説明会では、日本の地域に根差した民泊のあり方を追求する方針を打ち出している。2016年のリオ五輪（ブラジル）期間中、約8万5000人の民泊利用者がいたように、東京五輪などのイベントピーク時に訪日客が集中することで逼迫が予測される宿泊需要への対応とその取り込みに向けて、全国のホストとともに市場に参入する企業とも連携し、日本の民泊を立て直していくことを訴えている。

今後は日本の民泊は多様化していくだろう。当初は警戒感の強かった自治体のいわゆる「上乗せ条例」も、各地で見直しが進むことも考えられる。

キッチン付きや一棟貸しなど、同じ仕様のホテルでは対応しきれないニーズが広がっており、日々ゲストと直接向き合っている民泊のホストたちは新しいスタイルを生み出していくに違いない。また企業の参入で、個人では難しいバケーションレンタル型の高級物件がもっと登場すれば、民泊のイメージも変わるだろう。

さまざまな試行錯誤を重ねていくことで日本らしい民泊が生まれていくはずだ。かつての非居住型民泊も合法化の中で新しいやり方が生まれてくるだろう。

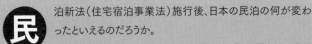

Hotel Industry Data

ホテル業界企業データ

chapter 7

株式会社 帝国ホテル

●本社：〒100－8558 東京都千代田区内幸町1－1－1
☎03－3504－1111
●代表取締役社長：定保英弥
●開業：1890年11月
●従業員数：1940人（2019年3月末現在）
●資本金：14億8500万円
●売上高：545億5800万円（2019年3月期）
●事業所：直営ホテル＝4店，運営受託ホテル＝1店
営業所＝国内4カ所，海外4カ所
●URL：http://www.imperialhotel.co.jp

株式会社 ホテルオークラ東京

●本社：〒105－0001 東京都港区虎ノ門2－10－4
☎03－3582－0111
●代表取締役社長：池田正治
●設立：2001年10月（新設分割）※ホテル開業1962年5月
●従業員数：835人（2020年4月現在）
●資本金：1億円
●売上高：774億4200万円（2019年度3月期）
●グループ：オークラホテルズ＆リゾーツ＝ 国内17店，海外9店
営業所＝国内5カ所，海外6カ所
●URL：http://www.okura.com/jp

株式会社 ニュー・オータニ

●本社：〒102－8578 東京都千代田区紀尾井町4－1
☎03－3265－1111
●代表取締役社長：大谷和彦
●創業：1963年1月
●従業員数：1942人（2020年4月現在）
●資本金：34億6200万円
●売上高：511億5100万円（2020年3月期）
●事業所：直営ホテル3店，グループホテル＝国内13店，海外2店
営業所＝国内4カ所，海外1カ所
●URL：http://www.newotani.co.jp

株式会社 ロイヤルホテル（リーガロイヤルホテル）

●本社：〒530－0005 大阪府大阪市北区中之島5－3－68
☎06－6448－1121
●代表取締役社長：蔭山秀一
●開業：1935年1月
●従業員数：1228人（2020年3月現在）
●資本金：132億2911万4551円
●事業所：リーガロイヤルホテルグループ＝8店，リーガアソシエイトホテルズ＝3店，
営業所＝2カ所
●URL：http://www.rihga.co.jp

株式会社 パレスホテル

●本社：〒100－0005 東京都千代田区丸の内1－1－1
☎03－3211－5211
●取締役社長：吉原大介
●設立：1960年2月
●従業員数：815人（2018年4月）
●資本金：10億円
●グループ：パレスホテルチェーン ＝国内5店　案内所＝2カ所
●URL：http://www.palacehotel.co.jp

株式会社 プリンスホテル

●本社：〒171－0022 東京都豊島区南池袋1－16－15
☎04－2926－2058（人事部）
●代表取締役社長：小山正彦
●設立：1956年6月
●従業員数：7928人（2019年3月31日現在）
●資本金：36億円
●グループ：国内41店，海外7店
●URL：http://www.princehotels.co.jp

株式会社 ロイヤルパークホテル

●本社：〒103－8520 東京都中央区日本橋蛎殻町2－1－1
　☎03－3667－1111
●取締役社長：古草靖久
●設立：1989年
●従業員数：624人（2020年3月現在）
●資本金：60億円
●グループ：ロイヤルパークホテルズアンドリゾーツ ＝国内12店
●URL：http://www.rph.co.jp

株式会社 京王プラザホテル

●本社：〒160－8330 東京都新宿区西新宿2－2－1
　☎03－3344－0111
●取締役社長：若林克昌
●開業：1971年6月
●従業員数：1036人（2020年4月現在）
●資本金：1億円
●グループ：京王プラザホテルチェーン＝ 国内4店
　営業所＝国内5カ所，海外1カ所
●URL：http://www.keioplaza.co.jp

株式会社 東急ホテルズ

●本社：〒150－0043 東京都渋谷区道玄坂1－10－7 五島育英ビル3階
　☎03－3477－6019
●取締役社長：小林昭人
●設立：2001年1月
●従業員数：237人（2020年4月現在）
●資本金：1億円
●事業所：全49店
●URL：http://www.tokyuhotels.co.jp

株式会社 ホテル小田急（ハイアットリージェンシー東京）

●本社：〒160－0023 東京都新宿区西新宿2－7－2
☎03－3348－1234
●代表取締役社長：小柳 淳
●設立：1978年6月
●資本金：1億円
●URL：http://www.tokyo.regency.hyatt.jp

株式会社 阪急阪神ホテルズ（阪急阪神第一ホテルグループ）

●本社：〒530－8310 大阪府大阪市北区芝田1－1－35
☎06－6372－5231
●代表取締役社長：中川喜博
●設立：1958年3月
●資本金：1億円
●売上高：483億3800万円（2019年3月）
●事業所：直営ホテル21店，グループホテル28店
●URL：http://www.hankyu-hotel.com

株式会社 近鉄・都ホテルズ

●本社：〒543－0001 大阪府大阪市天王寺区上本町6－1－55
☎06－6774－7680
●代表取締役社長：西村隆至
●設立：2004年12月
●従業員数：2136人（2018年3月現在）
●資本金：1億円
●売上高：585億7200円（2017年3月期）
●事業所：直営ホテル＝国内21店，海外2店
●URL：http://www.miyakohotels.ne.jp

日本ホテル 株式会社（東京ステーションホテル他）

●本社：〒171－8505 東京都豊島区西池袋1－6－1
☎03－3980－1111
●代表取締役社長：里見雅行
●設立：1981年11月
●従業員数：約1700人（2020年4月現在）
●資本金：40億円
●売上高：約391億円（2019年度）
●事業所：JR東日本ホテルズ（グループ）の首都圏内の37店を運営
●URL：http://www.nihonhotel.com

IHG・ANA・ホテルズグループジャパン合同会社

●本社：〒105－0001 東京都港区虎ノ門1－2－8 虎ノ門琴平タワー20階
☎03－3505－9500
●代表者：CEO（最高経営責任者）ハンス・ハイリガーズ
COO（最高執行責任者）津田 甚
●設立：1989年12月（2006年12月組織改変）
●従業員数：70人（2016年1月現在）
●資本金：8億3000万円
●事業所：インターコンチネンタルホテルズ＆リゾーツ7店，ANAクラウンプラザホテルズ18店，ホリデイ・インホテルズ＆リゾーツ4店，ANAホテル3店
●URL：http://www.anaihghotels.co.jp

藤田観光 株式会社

●本社：〒112－8664 東京都文京区関口2－10－8
☎03－5981－7700
●代表取締役社長：伊勢宣弘
●設立：1955年11月
●従業員数：1700人（2019年12月31日現在）
●資本金：120億8159万2677円
●売上高：692億8000万円 （2018年12月期 連結）
●事業所：ホテル椿山荘東京，ワシントンホテルチェーン，ホテルグレイマリーチェーン，他
●URL：http://www.fujita-kanko.co.jp

株式会社 ミリアルリゾートホテルズ

●本社：〒279－8522 千葉県浦安市舞浜2－18
☎047－305－2800
●代表取締役社長：高野由美子
●設立：1996年6月
●従業員数：1755人（2020年4月1日現在）
●資本金：4億5000万円
●事業所：直営＝ディズニーアンバサダーホテル，東京ディズニーシー・ホテルミラコスタ，東京ディズニーランドホテル
●URL：http://www.milialresorthotels.co.jp

富士屋ホテル 株式会社

●本社：〒250－0404 神奈川県足柄下郡箱根町宮ノ下359
☎0460－82－2211
●代表取締役社長：勝俣 伸
●創業：1878年7月
●従業員数：1000人
●資本金：5000万円
●事業所：富士屋ホテルチェーン 国内7店，他
●URL：http://www.fujiyahotel.co.jp

ワシントンホテル 株式会社

●本社：〒464－0075 愛知県名古屋市千種区内山3－23－5
☎052－745－9030
●代表取締役社長：内田和男
●設立：1961年5月
●従業員数：466人
●資本金：9500万円
●売上高：197億947万円（2019年3月期）
●事業所：名古屋国際ホテル，R&Bホテル＝24店，ワシントンホテルプラザチェーン＝18店
●URL：http://www.washingtonhotel.co.jp

株式会社 相鉄ホテルマネジメント（サンルート）

●本社：〒220－0004 横浜市西区北幸2－9－14 相鉄本社ビル2F

☎045－287－3610

●代表取締役社長：加藤尊正

●創業：2017年7月

●従業員数：1304人

●資本金：1億円

●URL：http://www.sunroute.jp

株式会社 三井不動産ホテルマネジメント（三井ガーデンホテルズ）

●本社：〒103－0023 中央区日本橋本町2－2－5 日本橋本町二丁目ビル2F

☎03－5777－1331

●代表取締役社長：雀部 優

●設立：1981年5月

●従業員数：868人（2020年4月現在）

●資本金：4億9000万円

●売上高：383億5952万円（2020年3月期）

●事業所：三井ガーデンホテルチェーン28店，ザ セレスティンホテルズ3店

●URL：http://www.gardenhotels.co.jp

ソラーレホテルズアンドリゾーツ 株式会社（チサンホテル他）

●本社：〒105－0014 東京都港区芝1－5－12 TOP浜松町ビル

☎03－6858－2100

●代表取締役社長：井上 理

●設立：1989年9月

●事業所：国内52店

●URL：http://www.solarehotels.com

住友不動産ヴィラフォンテーヌ 株式会社

●本社：〒160－0023東京都新宿区西新宿8－15－1 住友不動産西新宿8丁目ビル13階
☎03－5925－7293
●取締役社長：桝井俊幸
●設立：1978年2月
●従業員数：965人（2019年7月現在）
●資本金：5000万円
●事業所：ホテルヴィラフォンテーヌ＝都心に17店，ヴィラージュ＝2店
●URL：http://www.villa-fontaine.co.jp

アールエヌティーホテルズ 株式会社（リッチモンドホテル他）

●本社：〒154－0015 東京都世田谷区桜新町1－34－6
☎03－5707－8888
●代表取締役：福村正道
●設立：2004年4月
●従業員数：1380人（2019年3月31日現在，パート・アルバイト含む）
●資本金：1億円
●売上高：286億8200万円（2018年度）
●事業所：リッチモンドホテル他44店
●URL：http://www.rnt-hotels.co.jp

株式会社 東横イン

●本社：〒144－0054 東京都大田区新蒲田1－7－4
☎03－5703－1045
●代表執行役社長：黒田麻衣子
●設立：1986年1月
●従業員数：13211人（2019年3月31日現在，パートタイム従業員含む）
●資本金：5000万円
●売上高：907億3100万円（2019年3月期）
●事業所：318店（2020年6月現在）
●URL：http://www.toyoko-inn.co.jp

アパホテル 株式会社

●本社：〒107－0052 東京都港区赤坂3－2－3 アパ赤坂見附ビル
☎03－5570－2117

●代表取締役社長：元谷芙美子

●設立：1980年12月

●従業員数：3000人（2017年11月現在）

●資本金：9000万円

●売上高：933億円（2017年11月）

●事業所：462店（2019年9月）

●URL：http://www.apahotel.com

株式会社 スーパーホテル

●本社：〒550-0005 大阪府大阪市西区西本町1－7－7
☎06－6543－9000

●代表取締役：山村孝雄

●設立：1989年12月

●従業員数：374人

●資本金：6750万円

●売上高：342億300万円（2020年度3月実績）

●事業所：136店（2019年3月末現在）

●URL：http://www.superhotel.co.jp

ルートインジャパン 株式会社

●本社：東京本部　〒140－0014 東京都品川区大井1－35－3　☎03－3777－5515
長野本部　〒386－0005 長野県上田市古里2055－9　☎0268－25－0001

●代表取締役：永山勝利

●設立：1977年4月

●従業員数：16240人（2020年7月現在）

●資本金：5000万円

●売上高：1252億3500万円（2019年3月期ルートイングループ連結業績）

●事業所：ホテルルートイン，ルートイングランディア，グランヴィリオホテルなど合わせて353店（2020年7月現在，事業計画含む）

●URL：http://www.route-inn.co.jp

株式会社 旅籠屋（ファミリーロッジ旅籠屋）

●本社：〒111－0042 東京都台東区寿3－3－4 旅籠屋ビル
☎03－3847－8858
●代表取締役社長：甲斐 真
●設立：1994年7月
●従業員数：262人
●資本金：1億円
●売上高：20億7700万円（2019年6月期実績）
●事業所：73店
●URL：http://www.hatagoya.co.jp

株式会社 星野リゾート

●本社：〒389－0194 長野県北佐久郡軽井沢町大字長倉2148
☎0267－46－3636（総務ユニット 採用チーム）
●代表取締役社長：星野佳路
●設立：1904年 軽井沢の開発に着手，1951年 株式会社化
●従業員数：約2000人（2015年4月現在）
●資本金：1000万円（2015年）
●事業所：リゾート、旅館を合わせて33店，他
●URL：http://www.hoshinoresort.com

ダイワロイヤル株式会社

●本社：〒102－0072　東京都千代田区飯田橋2－18－2
☎03－3263－5940
●代表取締役社長：原田 健
●設立：1991年4月
●従業員数：1409人（2020年3月）
●資本金：5億円
●売上高：965億3800万円（2020年3月）
●事業所：ダイワロワイネットホテル59店
●URL：http://www.daiwaroyal.com

パークタワーホテル 株式会社（パークハイアット東京）

●本社：〒163－1055 東京都新宿区西新宿3－7－1－2
☎03－5322－1234
●設立：1992年7月
●従業員数：430人（2019年9月現在）
●資本金：10億円
●グループ：ハイアットホテルズ＆リゾーツ＝国内には8店
●URL：http://tokyo.park.hyatt.jp

株式会社 ヨコハマグランドインターコンチネンタルホテル

●本社：〒220－8522 神奈川県横浜市西区みなとみらい1－1－1
☎045－223－2222
●設立：1991年8月
●グループ：インターコンチネンタルホテルズグループ（世界に140店以上）
●URL：http://www.interconti.co.jp/yokohama

【本章の企業データに関して】各社のホームページ等に公表されているデータを元に弊社で作成しました。

カバーデザイン
内山絵美（㈲釣巻デザイン室）

DTP
㈱ティーケー出版印刷

編集
杉原まゆみ

写真協力
佐藤憲一
フォーシーズンズ丸の内 東京
UDS 株式会社

【著者紹介】

中村正人（なかむら・まさと）

ジャーナリスト。専門はインバウンドツーリズム。
個人ブログ「ニッポンのインバウンド“参与観察”日誌」を主宰。
著書に『間違いだらけの日本のインバウンド』（2020年、扶桑社）、
『ウラジオストクを旅する43の理由』（2019年、朝日新聞出版）などがある。

最新 ホテル業界大研究［第2版］

初　版1刷●2016年 7月31日
第2版1刷●2020年 8月31日

著　者
中村正人

発行者
薗部良徳

発行所
㈱産学社
〒101-0061 東京都千代田区神田三崎町2-20-7　Tel. 03(6272)9313　Fax. 03(3515)3660
http://sangakusha.jp/

印刷所
㈱ティーケー出版印刷

ISBN978-4-7825-3553-0 C0036

乱丁、落丁本はお手数ですが当社営業部宛にお送りください。
送料当社負担にてお取り替えいたします。